SOPRINTENDENZA ARCHEOLOGICA DI ROMA

DAS TAL
DES KOLOSSEUMS

ELECTA

DIE GESCHICHTE

Der heutige Platz um das Kolosseum herum erschien im Altertum als Tal zwischen den Hügeln Fagutal, Oppius, Caelius, Palatin und Velia, durch welches sich in Richtung Tiber ein Wasserlauf schlängelte.
Das ursprüngliche Erscheinungsbild des Tales, das zunächst unter Nero vollständig verändert wurde und später unter den Flaviern weitere Umwandlungen erfuhr, läßt sich heute aufgrund von Ausgrabungen, sowohl früherer als auch jüngster Zeit, größtenteils rekonstruieren. Gerade die Ausgrabungen der letzten Jahre im Areal zwischen Kolosseum und Konstantinsbogen haben dazu beigetragen; hier entdeckte man Überreste eines monumentalen Brunnens aus flavischer Zeit, der sog. "Meta Sudans", und legte die Fundamente der Terrassen und Säulengänge, welche Nero rund um einen künstlichen See ("Teich des Nero") im Zentrum seines riesigen Anwesens hat anlegen lassen, frei. Gleichzeitig tauchten bei diesen Ausgrabungen aber auch Spuren aus noch früheren Zeiten auf, die diese Stätte zu Recht berühmt gemacht hatten, weil gerade dort eine der Ecken der mythischen "quadratischen Stadt", welche Romulus auf dem Palatin gegründet haben soll, vermutet wird.
Das Tal wurde bereits in den Zeiten der Gründung der Stadt (7.-6. Jhd. v. Chr.) bewohnt, was sowohl die Tatsache, daß es an den rituellen Festen der "Sieben Hügel" teilnahm, beweist (*Septimontium* war die antike Bezeichnung der römischen Gemeinde, welche sich über das Gebiet der ursprünglichen Ansiedlungen auf den Hügeln des Palatin, der Velia und darüber hinaus erstreckte) als auch die Tatsache, daß es Teil der Stadt der vier Regionen unter dem letzten König Roms, Servius Tullius, war.
Schon gegen Ende des 6. Jhd.s v. Chr. wurde ein erstes Straßennetz angelegt, eine Verbindung zwischen der Straße, die vom Circus Maximus her kam (heute Via di San Gregorio) und den Achsen zwischen Palatin, Velia und Esquilin. Der Punkt, an dem diese Straßen zusammentrafen, die später die Grenzen der fünf augusteischen Regionen bildeten, gelegen in allernächster Nähe zum Geburtshaus des Augustus und vielleicht zum Sitz der altehrwürdigen Kurie des Romulus, die bis hin zur Regierungszeit Neros religiösen Schutz genas und mehrfach restauriert worden war, wurde zum heiligen Bezirk.
Die früheren Bauwerke des Augustus und die späteren des Claudius waren zusammen mit den Wohnhäusern dort, Opfer des verheerenden Brandes im Jahr 64 nach Chr. geworden, in dessen Folge das gesamte Gebiet mit den pompösen Gebäuden dem Stil Neros entsprechend überzogen wurde (Palast auf dem Palatin, *Atrium-Vestibulum* auf der Velia, Residenz auf dem Esquilin, Nymphäum auf dem Caelius).

1. B. Bellotto
(1720 -1780),
Capriccio mit Kolosseum.
Parma, Galleria
Nazionale

Vom Größenwahnsinn dieses Herrschers berichten die klassischen Autoren, die peinlich genau und mit schlecht versteckter Ironie, die Proportionen der kaiserlichen Residenz und den Aufwand ihrer Ausstattung beschreiben. Erst unter der Regierung der Familie der Flavier wurde das Tal der Stadt Rom zurückgegeben und nahm das Erscheinungsbild an, das es noch heute in großen Teilen bewahrt, mit den auffallenden steinernen Zeugnissen des Amphitheaters und den weniger auffallenden, aber teuren Erinnerungen an die Vergangenheit, der Meta Sudans.

«Hier, wo der Sonnenkoloß zu den Sternen so nahe emporblickt, und in der Mitte des Wegs hoch das Gerüst sich erhebt, strahlte vordem der verhaßte Palast des grausamen Herrschers; und auf dem Raume der Stadt gab's nur ein einziges Haus.
Hier, wo die wuchtige Masse des herrlichen Amphitheaters aufstrebt voll Majestät, hatte einst Nero den See. Hier, wo wir jetzt die rasch entstandenen Bäder bewundern, hatte ein prächtiger Palk Armen entrissen ihr Heim. Wo die Claudische Halle ihre Schatten verbreitet, dort erst schloß der Palast mit seinem äußersten Teil. Rom ist sich wiedergeschenkt, und Caesar, in deiner Regierung dient zum Entzücken des Volks, was nur dem Herrscher gedient»
(Martial, *Epigramme*, 2).

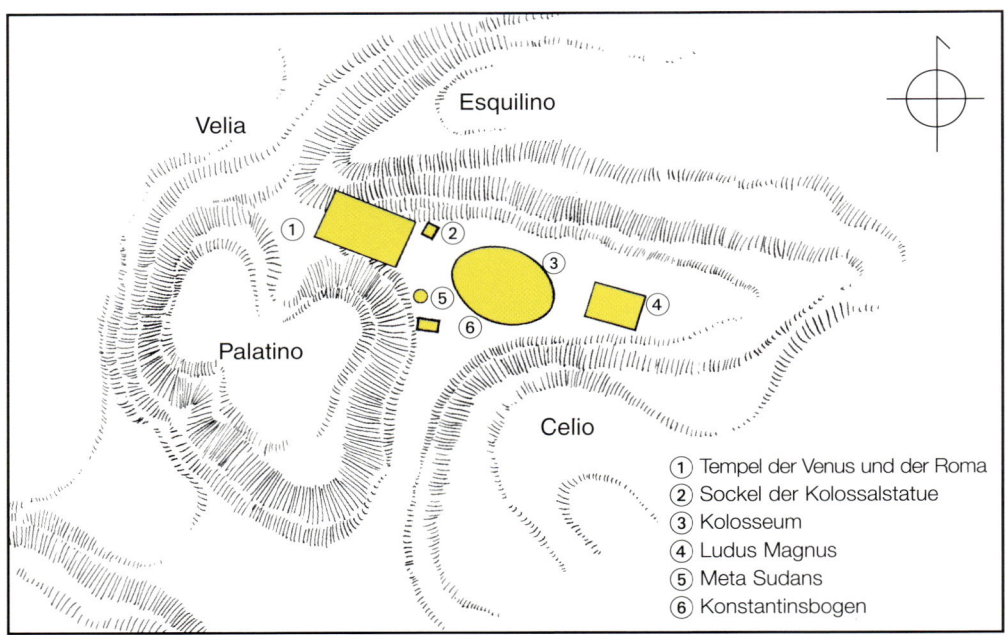

2. Lageplan des Tals

3. Flavisches Amphitheater, Außenansicht, Fassade

Die Bauarbeiten im Tal in der Zeit von Nero bis zu den Flaviern

Nero (54-68 n.Chr.)
Im Jahre 64 n. Chr. beginnt Nero die Bauarbeiten für die Errichtung der *Domus Aurea*. Die *Domus Aurea* ersetzt und erweitert die *Domus Transitoria* des Palatins, seine Grenzen erreichen den Caelius und den Abhang des Oppius.
Er läßt auch den Tempel des Divus Claudius in ein Nymphäum verwandeln und entwirft für das Tal einen von Säulengängen umgebenen künstlichen See.
Die Arbeiten werden durch seinen Tod unterbrochen.

Vespasian (69-79 n. Chr.)
Vespasian beginnt den Bau des Amphiteaters und eines monumentalen Brunnens, den sogenannten *Meta Sudans*, dort, wo sich die Säulengänge des Sees des Nero befanden.

Titus (79-89 n. Chr.)
Titus vervollständigt die von seinem Vater angefangenen Gebäude und weiht das Amphitheater ein, das durch einen Säulengang mit den öffentlichen Thermen (den Titusthermen) verbunden ist, die die Bauten der *Domus Aurea* ersetzen.

Domitian (81-96 n. Chr.).
Domitian bringt die unterirdischen Strukturen des Amphiteaters zu Ende und plant den Bau der Gladiatorenkasernen (*Ludi*) am östlichen Hang des Tals.

DAS KOLOSSEUM

Das flavische Amphitheater, üblicherweise Kolosseum genannt, ist sicher eines der Monumente, die in der Geschichte der Stadt Rom am stärksten im Bewußtsein sind, und dies nicht nur wegen seiner beeindruckenden Baumasse, die die Stadtlandschaft in der Antike prägte. Trotz wechselhafter Geschichte wurde es über all die Jahrhunderte durch einen ununterbrochenen Besucherstrom belebt, der auch nicht abbrach, nachdem die Gladiatorenspiele eingestellt worden waren, sei es auf der Suche nach Schutz und Unterkunft, sei es zur Ausübung religiöser Zeremonien oder auch zur Teilnahme an seiner fortschreitenden Ausplünderung. Diese lange Tradition hielt den Ort lebendig, verankerte ihn tief im kollektiven Gedächtnis und prägte die Vorstellung von römischer Kultur.
Der Bau wurde von Vespasian begonnen, von Titus im Jahr 80 n. Chr. vollendet und mit einem gut hundert Tagen dauernden prächtigen Fest eingeweiht, von dem wir durch antike Chroniken wissen. Als beeindruckendes Denkmal der in der römischen Welt sehr populären Spiele demonstriert das Kolosseum auch die Großzügigkeit der Imperatoren, die es haben errichten lassen, und ist damit Zeugnis des sicherlich ehrgeizigsten politischen Projekts der flavischen Familie. In der Tat wurde hier zum ersten Mal ein Bauwerk geschaffen, das dem Umfang der Spiele in Rom entsprach, die zur Zeit Neros - nachdem das erste, von Titius Statilius Taurus errichtete, Amphitheater Roms im Brand des Jahres 64 n. Chr. zerstört worden war - in provisorischen Holzkonstruktionen auf dem Marsfeld stattfanden. Davor, in der Zeit der römischen Republik, fanden die Spiele auf dem Forum Romanum oder auf dem Forum Boarium statt, wo zu diesem Zweck ephemere Bauten errichtet wurden. Während der Kaiserzeit wurde das Kolosseum mehrmals nach Erdbebenschäden oder Bränden restauriert. Bauarbeiten sind dokumentiert unter Antonius Pius, Elagabal und Alexander Severus (nach dem verheerenden Brand im Jahr 217 n. Chr.), weiteren wird in Inschriften gedacht, bspw. nach dem Erdbeben im Jahr 443 n. Chr..
Die letzten Nachrichten über Spiele im Kolosseum stammen aus dem Jahr 523 n. Chr., danach begann der Zerfall des Amphiteaters. Die Nutzung als Steinbruch zerstörte es binnen kurzer Zeit.

4. Blick auf das flavische Amphitheater von der Tempel der Venus und der Roma

5. Porträtbüste des Vespasian aus Ostia. Rom, Museo Nazionale Romano

Die Kolossalstatue des Nero

Der Name *Amphitheatrum Colyseus*, der zum ersten Mal im 11. Jhd. n. Chr. auftaucht, um das Gebäude zu bezeichnen, das früher als *Amphithetrum Caesareum* bekannt war, und der später das ganze Tal (*regio Colisei*) bezeichnet, stammt von der riesigen bronzenen Statue des Nero, die direkt daneben aufgestellt war. Die Statue - bei dem Bildhauer Zenodoros in Auftrag gegeben und vom Koloß von Rhodos inspiriert (ein berühmtes Kunstwerk des Chares von Lindos vom Anfang des 3.Jhd.s v. Chr.) - stellte den stehenden Kaiser dar und war in der Vorhalle der *Domus Aurea*, an der Stelle des heutigen Tempels der Venus und der Roma, aufgestellt. Die riesigen Ausmaße (ca. 35 m Höhe), die sich durch den Umfang des Sockels und dank einer Textstelle bei Plinius dem Älteren rekonstruieren lassen, machten aus ihr die größte Statue, die man im Altertum überhaupt realisiert hat. Als Hadrian mit den Bauarbeiten für den Tempel der Venus und Roma beschäftigt war, brauchte er einen von 24 Elefanten gezogenen Wagen, um sie zu versetzen. Während Vespasian versuchte, sie mit einem Strahlenkranz in ein Standbild der Sonne zu verwandeln, zog Commodus es vor, sie mit den Attributen des Herakles auszustatten; nach seinem Tod wurde sie wieder zu einer Statue des Helios, und so blieb es auch in der severischen Zeit, wie man von den damaligen Münzen ableiteten kann, die den Gott mit der auf einem Steuerruder gestützten rechten Hand und mit einem Globus in der linken Hand darstellen. Zuerst als Symbol der Unsterblichkeit, danach als Symbol der "ewigen Stadt", blieb die Statue

«*...Die Vorhalle war so hoch, daß eine Kolossalstatue Neros von 120 Fuß Höhe darin Platz hatte, und der ganze Bau war so ausgedehnt, daß ihn eine Halle mit drei Säulenreihen in einer Länge von 1000 Fuß umgab. Auch ein künstlicher Teich befand sich innerhalb dieser Anlagen, der wie ein Meer ringsum von Bauten umgeben war, die Städte vorstellen sollen. Obendrein gab es noch Ländereien mit Kornfeldern, Weinbergen, Wiesen und Wäldern in buntem Wechsel, mit einer Fülle von zahmen und wildem Getier aller Arten*»
(Sueton, *Nero*, 31, 1).

auch in der Zeit des Christentums ein Objekt der Verehrung. Der Sockel der Statue, von dem nur noch wenige Spuren zu sehen sind, wurde im Jahre 1933 - aus Anlaß der Arbeiten für die neue Straßenführung der Via dell' Impero und der Via dei Trionfi abgerissen.

6. Die Meta, der Titusbogen, der Tempel von Venus und Roma und die Kolossalstatue in einer Rekonstruktion von E. Coquart (1863)

7. Flavisches Amphitheater, kleines Modell. Rom, Museo della Civiltá Romana

8. Flavisches Amphitheater, Außenansicht

Der Außenbau

Den besten Eindruck von dem Bau erhält man, wenn man sich ihm von Norden, der Via dei Fori Imperiali, her nähert, da nur hier der äußere Ring vollständig bewahrt wurde. Die viergeschossige Fassade hat eine Gesamthöhe von 49 Metern, ausgeführt in Travertinstein. Die unteren drei Geschosse weisen je 80 Arkaden auf, eingerahmt durch Halbsäulen, die im untersten tuskischer, im zweiten ionischer und im dritten korinthischer Ordnung folgen. Korinthische Pilaster unterteilen das vierte, geschlossene Geschoß in 80 Wandfelder, abwechselnd von einem Fenster durchbrochen oder mit einem Bronzeschild (clipea) geschmückt. Im Inneren jedes Wandfeldes befanden sich je drei Konsolen, denen eine gleiche Anzahl von Löchern im Kranzgesims entsprach, die dazu dienten die Holzbalken aufzunehmen, an denen das *velarium* befestigt war. Dabei handelte es sich um ein großes Tuch, vielleicht unterteilt in einzelne Segmente, um das Publikum vor Sonne und Regen zu schützen. Bei Bedarf wurde es von einer speziellen Einheit der Matrosen der kampanischen Flotte von Miseno bedient.

Die Zugänge waren durch fortlaufende, oberhalb der Arkadenbögen eingravierte, Zahlen gekennzeichnet (auf der Nordseite noch gut zu erkennen), sie entsprachen denen der Eintrittsmarken der Zuschauer. Die beiden Haupteingänge auf der Querachse blieben ohne Numerierung, hier betrat das bevorzugte Publikum die Spiele. Am noch erhaltenen Eingang der Nordseite kann man die Basen zweier Säulen sehen, die einen Portikus trugen, über welchem in der Antike eine Quadriga stand. Ähnlich muß man sich den Eingang auf der Gegenseite vorstellen, beide waren den jeweils einflußreichsten Persönlichkeiten vorbehalten. Um die Bedeutung und das öffentliche Ansehen dieser Besuchergruppe hervorzuheben, waren die Decken der Arkaden hier mit Stuck verziert, heute kaum noch zu erkennen, aber anhand von Zeichnungen des 16.Jhd.s noch rekonstruierbar. Ringförmig um das Amphitheater zog sich eine travertingepflasterte Fläche, eingefaßt mit großen Grenzsteinen, von denen heute noch fünf an der Ostseite stehen. Diese freie Fläche war wiederum umgeben von einem zweigeschossigen Säulengang, von dem heute nur noch wenige Überreste jenseits der

9. Flavisches Amphitheater, Innenansicht. Stuckverzierungen des nördlichen Eingangs, Stich des achtzehnten Jahrhunderts des Grafen von Crozat, nach einer Zeichnung von Giovanni da Udine (1487-1564)

10. Münze der Zeit des Titus mit Darstellung des flavischen Amphitheaters und der Meta Sudans. Rom, Museo Nazionale Romano

Die Konstruktion

Das flavische Amphitheater ist 52 m hoch, die Längsachse ist 188 m, die Querachse 156 m lang, die gesamte Grundfläche beträgt 3357 mq. Der Zuschauerraum, einschließlich der Stehplätze in den obersten Rängen, konnte 73.000 Menschen fassen. Die relative kurze Bauzeit bei der Monumentalität des Komplexes machen aus dem Amphitheater eines der größten Meisterwerke der Ingenieurskunst.

modernen Straße am Fuße des Oppio zu sehen sind.

Das Innere des Kolosseums
Der heutige Eingang liegt an der Südseite, auf der Querachse des Baus. Der heutige Erhaltungszustand der *cavea* (Zuschauerraum) und gleichzeitig die Sichtbarkeit des Untergeschosses der Arena - ursprünglich mit einem hölzernen Boden geschlossen - tragen sicherlich nicht dazu bei, einen realistischen Eindruck des ursprünglichen Erscheinungsbildes zu gewinnen; immerhin machen sie das System der Zugänge und inneren Wege deutlich. Den vier Ordnungen des Außenbaus entsprechen im Inneren die vier Ränge. Während die beiden Haupteingänge auf der Querachse, wie schon erwähnt der politischen Elite vorbehalten, zu zwei zentralen Tribünen führten, von denen sich nichts erhalten hat, wurden alle anderen Zuschauer durch eine Reihe von gekennzeichneten Durchgängen, die sich symmetrisch in allen vier Sektoren entsprachen, zu ihren Plätzen geleitet.
Der erste Rang aus breiten Stufen, auf denen die Sitze *(subsellia)* befestigt waren, war den Senatoren vorbehalten, die direkten Zugang über eine kurze Rampe hatten, die vom vierten (innersten) Zugangsring her kam. Die Nähe zur Arena verbesserte sicher die Sicht auf das Geschehen in der Arena, vergrößerte gleichzeitig aber auch das Risiko für die auserwählten Zuschauer, weshalb die ersten Tribünen mit einer hohen und robusten Absperrung rund um die Arena versehen waren. In den dreißiger Jahren dieses Jahrhunderts wurde ein Teil der Senatorenränge restauriert, allerdings in Form der gewöhnlichen Stufen, was noch gut oberhalb des Zugangs im Osten zu sehen ist. Zwischen der Tribünenwand und der Arena verlief ein überdachter Gang, heute fast vollständig verschwunden und nur noch an der hinteren Wand zu erkennen, von dem sich vierundzwanzig mit wasserdichtem Putz ausgekleidete Nischen öffneten. Das komplexe System von Wasserzu- und abfluß legt nahe, daß es sich hierbei in der Antike um Latrinen handelte. Der überdachte Gang war nur für das für die Spiele zuständige Personal über Türen vom vierten Zugangsring her erreichbar, von deren Angeln man noch die Spuren in den Marmorschwellen sehen kann. Seitlich des heutigen Eingangs, über einem Gitter, zugänglich von diesem überdachten Gang her, findet man noch Spuren eines unterirdischen Ganges, aus antiken Quellen bekannt als der Ort des versuchten Mordes an Commodus. Dort

Die Bautechniken, die verwandt wurden, sind der Quaderbau (*opus quadratum*) aus Travertinblöcken (für alle Fundamente und für die tragenden Hochbauten) und der Ziegelbau (für die radial gestellten Mauern ab dem zweiten Geschoß). Die

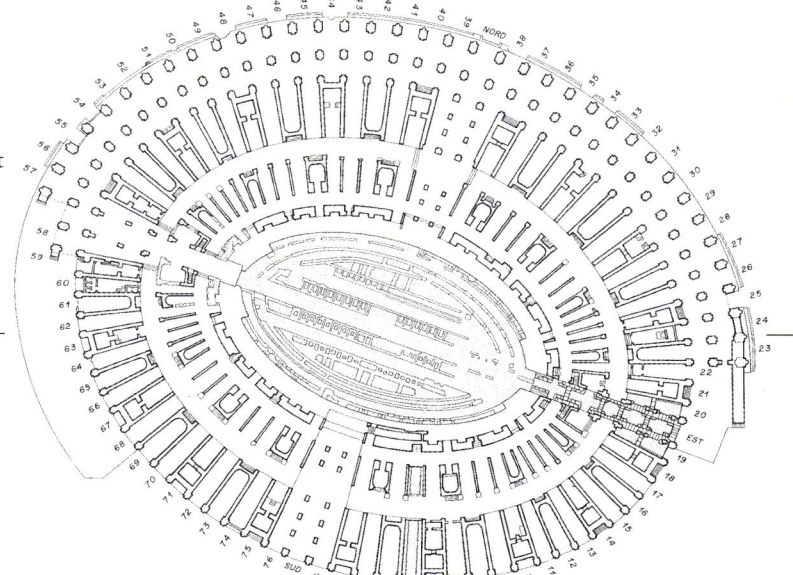

geschlossenen Geschoß des Außenbaus; er war zur Arena hin mit einem Ring von achtzig marmornen Säulen geschmückt. Dort waren die Sitzstufen aus Holz gezimmert (*maenianum summum in ligneis*). Im Erdgeschoß sind heutzutage einige Teile der Säulen und verschiedener Kapitelle deponiert, die wohl von einer Restaurierung aus severischer Zeit stammen. Das komplexe System von Rampen und Gängen erlaubte einen schnellen Zugang und ein zügiges Verlassen des Amphitheaters, aber vor allem garantierte es, daß die

sind noch Reste eines schwarzweißen Fußbodenmosaiks, von Marmorverkleidungen, von bemaltem Putz und auch der Stuckdekorationen der Decke zu sehen.

Der zweite Rang der *cavea*, oder *maenianum primum*, war mit acht marmornen Stufen ausgestattet; man erreichte ihn über den dritten Zugangsring. Andere steilere Rampen, den zuvor besprochenen seitenverkehrt entgegengesetzt, führten in den dritten Rang, oder *maenium secundum*, welcher noch einmal in zwei Seiten unterteilt war, *imum* und *summum,* dort befanden sich die meisten Sitzplätze. Von diesem Rang aus konnte man auch die Treppen erreichen, die vom zweiten

Zugangsring nach oben führten; eine von ihnen wurde restauriert und ermöglicht noch heute den Zugang zum obersten Stockwerk. Der oberste Rang schließlich entspricht dem obersten

Zuteilung der Sitzplätze eingehalten wurde, die streng vorgeschrieben war und die die soziale Schicht des Inhabers der Eintrittsmarke widerspiegelte.

Verwendung verschiedener Techniken und Materialien (für den Aufbau der radial gestellten Mauern sind auch Tuffblöcke benützt worden) machte den Bau leichter und steigerte gleichzeitig seine Elastizität. Die Gewölbe bestanden aus antikem Beton (*opus caementicium*). Die Mauern waren verputzt und rot-weiß bemalt. Die erhaltenen Fußböden bestehen aus Travertinblöcken (seltener aus Marmor) mit Ausnahme der oberen Geschosse, wo man Terrakottafliesen in Fischgrätmuster (*opus spicatum*) findet. Der Zuschauerraum war vollständig mit Marmor ausgekleidet.

vorhergehende Seite:

11. Flavisches Amphitheater, Grundriß des Erdgeschosses

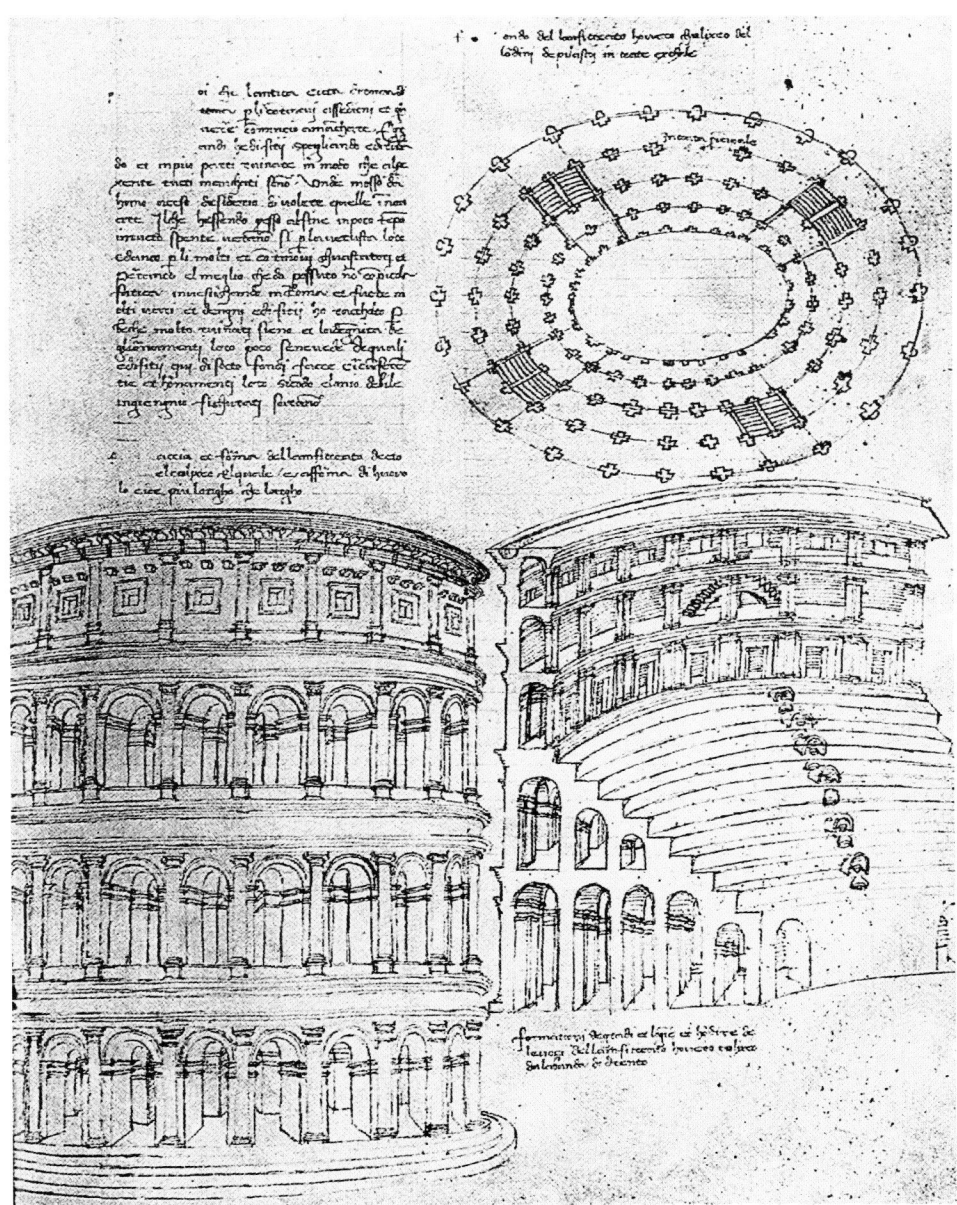

12. Kleines Modell des flavischen Amphitheaters

13. Flavisches Amphitheater, Inneres. Luftaufnahme

14. Francesco di Giorgio Martini (1439-1502) Kolosseum. Turin, Biblioteca Reale

Die Verteilung der Sitzplätze

Da die Aufführungen öffentlich waren, war der Eintritt zu den Spielen frei. Jeder Bürger besaß aber eine Marke, auf der der Platz und der zu ihm führende Weg abgebildet waren, bzw. die Nummer der Eintrittsarkade, des Ranges (*maenianum*), des Zuschauersektors (d. h. des entsprechenden Teils der *maeniana*) und der Stufe. Der Platz in einem Rang des Zuschauerraums entsprach exakt der sozialen Stellung seines Inhabers. Wir wissen, daß Augustus die Trennung der verschiedenen Schichten bei den öffentlichen Aufführungen sorgfältig regelte. Für die Senatoren war die erste Reihe der Tribüne reserviert, die hohen Offiziere saßen direkt darüber, d. h. in der ersten Reihe des ersten *maenianum*. Das Einhalten der Rangordnung wurde durch auf die Treppenstufen eingegrabene Inschriften angemahnt, die das Amt, die Priesterklassen, die gesellschaftlichen Kategorien und die Volksgruppen anzeigten, die dort zu sitzen hatten. Unter den uns erhaltenen Inschriften bestimmt eine den für Botschafter und ausländischen Diplomaten (als *hospites* bezeichnet) reservierten Platz, eine andere erwähnt die ethnische Herkunft *Gaditanorum*, aus Cadiz. Andere Fragmente erwähnen besondere Plätze für die *praetextati* (die noch nicht volljährigen Jungen, die keine Bürgerpflicht hatten und die die *toga praetexta* trugen) oder für die Lehrer (*pedagogi puerorum*). Ein wichtiger epigraphischer Text des Jahres 80 n. Chr. bestimmt die für die Mitglieder des Priesterkollegiums der Arvalen im Zuschauerraum reservierten Plätze, die nach ihrer Rangordnung innerhalb des Kollegs in unterschiedlichen Sektoren (von der Tribüne bis zu den hölzernen Treppenstufen) Platz nehmen mußten. Die Senatoren hatten das Privileg der genannten Plätze, auf die der Familienname geschrieben war, wie die marmornen Blöcke beweisen, die um die Arena herum liegen, die aber ursprünglich am Rand des Podiums als Geländer aufgestellt waren. Auf der Vorderseite ist noch die Widmung für die Restaurierung des Zuschauerraums zu lesen, die von dem Präfekt von Rom Flavius Paulus um die Mitte des 5. Jahrhunderts n. Chr. ausgeführt wurde. Auf der Rückseite finden sich die den Sitzplätzen entsprechenden Inschriften mit den Namen mehrerer Senatoren, die ihren Platz in der ersten Reihe hatten. In anderen Fällen waren die Namen am oberen Rand der Treppenstufe eingraviert, sie wurden fortgehend abgekratzt und durch andere Namen ersetzt. Die noch lesbaren Namen gehören zum senatorischen Stand des späten 5. Jhd.s n.Chr., der zum letzten Mal an den Spielen teilnahm.

«Das äußerst ausgelassen, ja zügellose Verhalten der Zuschauer bei den Schauspielen verbesserte er und erließ genaue Verordnungen; Anlaß dazu war die Beleidigung, die ein Senator erfahren mußte, als

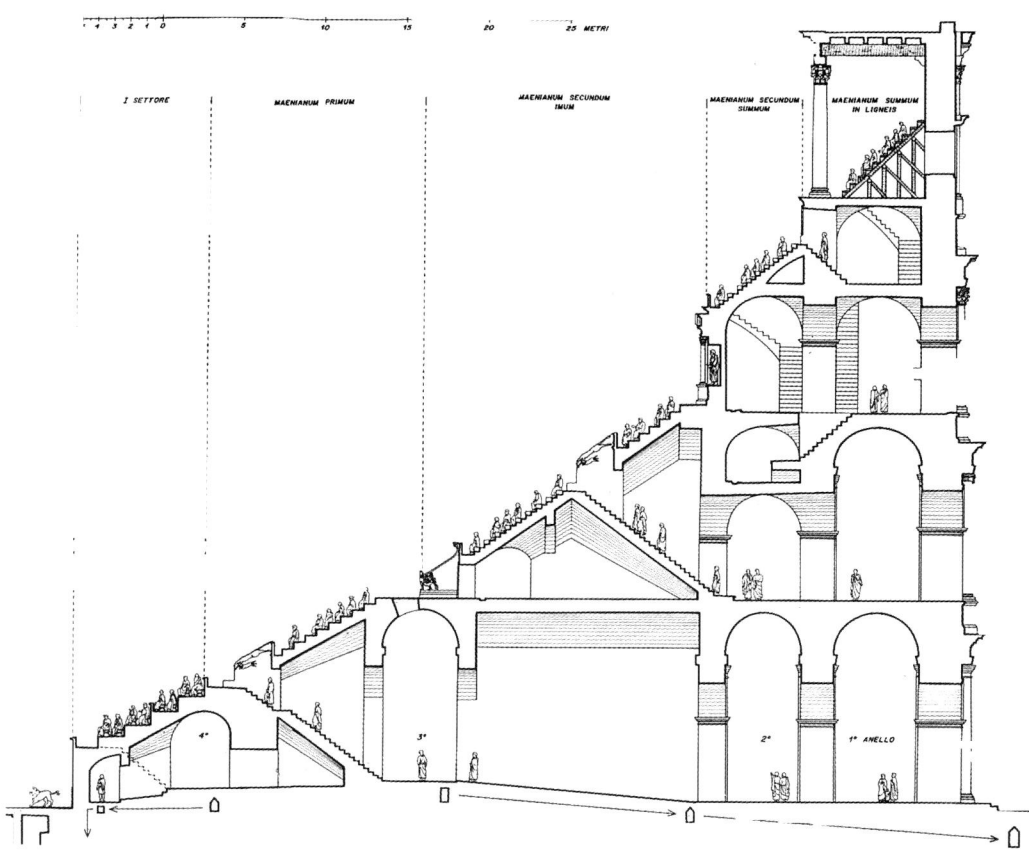

ihm bei einer sehr gut besuchten Veranstaltung in Puteoli von zahlreichen Zuschauern niemand einen Platz anbot. Augustus erwirkte daher einen Senatsbeschluß, der besagte, daß sooft irgendwo ein Schauspiel in der Öffentlichkeit veranstaltet werde, die Sitzreihe für Senatoren frei bleiben müsse.

Die Soldaten trennte er vom Volk. Den Ehemännern aus dem einfachen Volk wies er eigene Sitzreihen zu, den Knaben, die noch die Praetexta trugen, einen eigenen Bereich und direkt daneben einen anderen für die Erzieher; er legte fest, daß niemand aus dem niederen Volk in der Mitte des Zuschauerraums sitzen dürfe. Frauen erlaubte er den Besuch von Gladiatorenkämpfen, die sie einst mitten unter den Männern mitverfolgen durften, nur unter der Bedingung, daß sie von den oberen Sitzreihen aus zuschauten. Lediglich den Vestalischen Jungfrauen gewährte er einen speziellen Platz im Theater, und zwar gegenüber der Loge des Prätors. Den Besuch der Athletenwettkämpfe verbot er dem weiblichen Geschlecht gänzlich, so daß er an den Spielen, die der Pontifex Maximus aufführen ließ, den Wettkampf eines Faustkämpferpaares, den das Volk gewünscht hatte, auf die frühen Morgenstunden des folgenden Tages verschob und die Verordnung erließ, daß die Frauen vor der fünften Stunde nicht ins Theater kommen dürften»
(Sueton, *Augustus*, 44, 3-4).

15. *Flavisches Amphitheater, Schnitt durch das Kolosseum mit der Einteilung der cavea*

16. *Flavisches Amphitheater, Inneres. Der Ostteil mit dem senatorischen Podium nach der Rekonstruktion der dreißiger Jahre*

17. *Flavisches Amphitheater. Versorgungsgang der cavea mit Inschriften aus der Mitte des 5.Jhd.s. Auf der inneren Vorderseite sind Senatorennamen eingraviert*

Die Arena und das Untergeschoß

In die Arena gelangte man durch die zwei Eingänge die auf der Längsachse des Amphitheaters liegen, bezeichnenderweise *Porta Triumphalis* und *Porta Libitinaria* genannt: der erste, im Westen gelegen, diente den Gladiatoren zum Betreten der Arena, der zweite wurde zum Abtransport der Toten verwendet (Venus-Libitina war in Rom die Schutzheilige der Grabstätten, sie wurde in einem heiligen Hain bei den Nekropolen des Esquilin verehrt). Von beiden Eingängen aus konnte man über steile Treppen direkt in die unter der Arena gelegenen Räume gelangen, wo die Tiere gehalten und die für die Spiele notwendigen Ausrüstungen aufbewahrt wurden. Das gesamte unterirdische Geschoß, unter Kaiser Domitian fertiggestellt, war in vier Segmente, die durch Längs- und Querachse bestimmt waren, unterteilt. Entlang der Außenmauer befanden sich weitere Räume, die dem Betrieb der Spiele dienten. Ursprünglich überwölbt, wurden sie später in kleine zweigeschossige Zellen umgewandelt. Um in der oberhalb gelegenen Arena die umfangreiche und schwere Bühnenausstattung zu bewegen, gab es ein System von Gegengewichten und schiefen Ebenen im Unterbau, von dem noch die Löcher im Fußboden der Gänge zeugen; dort waren in der Antike die Winden zur Bewegung der Gegengewichte verankert. Der Zentralgang setzte sich unter dem Osteingang fort, er verband die unterirdischen Räume des Kolosseums mit dem *Ludus Magnus*, der nahe gelegenen Gladiatorenkaserne. Heute sind nur noch die Überreste von Umbauarbeiten, Restaurierungen und Wiederaufbauten, die nach Erdbeben und Brandkatastrophen notwendig geworden waren, zu sehen. Der Zusammenbruch des Untergeschosses bedeutete das Ende der Gladiatorenspiele und leitete damit den Zerfall des gesamten Gebäudes ein.

18. *Flavisches Amphitheater, Inneres. Ansicht der Arena.*

19. *Andriuolo, Grab 58. Nördliche Platte. Detail mit Zweikampfszene. Paestum, Museo Archeologico Nazionale*

Die Gladiatoren

Die militärische Professionalität, die die Voraussetzung für die Kämpfe in der Arena waren, hatte aus den Gladiatoren ein potentielles Heer gemacht, das unterteilt war in verschiedene Gruppen oder *familiae*, welche sich durch die Verwendung der Waffen oder durch besondere Kampfmethoden voneinander unterschieden. Literarische Quellen und Inschriften haben uns die Beschreibung einiger dieser Kategorien

Die Spiele

Im Kolosseum fanden zwei Arten von Veranstaltungen statt: Gladiatorenkämpfe (*munera*) und Tierhetzen (*venationes*). Die Frage nach ihrem Ursprung, besonders dem der Gladiatorenkämpfe, ist sehr umstritten, selbst unter antiken Autoren. Einige von ihnen vertreten die These einer etruskischen Herkunft: sie vergleichen die Figur des mit dem Wegtragen der toten Gladiatoren aus dem Amphitheater beauftragten Dieners mit dem etruskischen Dämon Charun, oder sie erinnern an die etruskische Herkunft des Wortes *lanista*, das bei den Römern den Unternehmer bezeichnete, der die Gladiatoren rekrutierte und trainierte. Andere Autoren hingegen, wie z. B. Titus Livius (*Geschichte Roms*, IX, 40, 17), führen die Spiele auf die Kultur Kampaniens zurück. Tatsächlich zeigen einige Grabmalereien der oskisch-lukanischen Kultur Wagenrennen, Faustkämpfe und Duelle, die sicherlich die ältesten Darstellungen von Vorläufern der Gladiatorenspielen sind. Die Spiele verkörperten die Ideale von Kraft und Selbstbewußtsein, besonders der Oberschicht, sie waren

überliefert, die sich auch in Darstellungen erkennen lassen: der Samniter mit dem länglichen Schild, kurzem Schwert und Helm mit Federn geschmückt, der *Murmillo* mit einem Fisch als Helmzier, der Thraker mit einem kleinen, kreisförmigen Schild (*parmula*), gebogenem Schwert und mit einem Greif geschmückten Helm, der *Rhetiarius*, der mit einem Netz, einem Dreizack und einem an der linken Schulter getragenen metallischen Schutz (*galerus*) leicht bewaffnet war, der *Secutor*, mit einem rechteckigen Schild, kurzem Schwert oder scharfem Dolch. Die Kämpfe fanden normalerweise zwischen Kriegerpaaren verschiedener Gattungen statt (die sogenannten *Paria*), die während des Trainings mit harmlosen Waffen ausgerüstet waren.

auf den folgenden Seiten:

20. Mosaik mit Gladiatorenszene. Rom, Galleria Borghese

21. Mosaik mit Tierkampfszene. Rom, Galleria Borghese

ein verbreitetes Ritual der italischen Adeligen, was erklärt, warum die Spiele zu Anfang eine private Demonstration persönlicher Macht und familiären Ansehens waren. Die Bezeichnung für diese Spiele war "*munera*", d. h. der Gemeinschaft "gestiftete" Spiele. Die ersten wurden im Jahr 264 v. Chr. anläßlich der Beerdigungsfeier des Brutus Perus organisiert; innerhalb weniger Jahre nahm die Zahl der Veranstaltungen allerdings derart zu, daß die Verabschiedung eines Gesetzes (*lex Tullia de ambitu*) zur Einschränkung der Spiele notwendig wurde, besonders da sie immer stärker für Politik oder Wahlkampf mißbraucht wurden.

In der darauffolgenden Zeit war das Veranstalten von Spielen den Kaisern vorbehalten und auf Anlässe des öffentlichen Interesses oder offizielle Einweihungsfeiern beschränkt. Das Gesetz sah einen *editor* vor, welcher die Spiele ansetzt und finanziert, der im Vorfeld mit dem *lanista* die Verträge und die Preise über die einzelnen Gladiatoren abschließt und sich darum kümmert, das Programm zu veröffentlichen. Die Gladiatoren betraten das Amphitheater direkt vor dem Kampf, in Begleitung des *editor*, und zeigten sich den Zuschauern, indem sie im Kreis durch die Arena gingen. Sie rekrutierten sich aus zum Tode verurteilten Verbrechern, Sklaven, Kriegsgefangenen, aber auch Freiwilligen, die professionelle Gladiatoren waren. Bei den bewaffneten Kämpfen, die bis zur Niederlage eines Kämpfers dauerten, wurde höchster Einsatz verlangt, der von den *incitatores*, dem bei den Kämpfen anwesenden Arenapersonal, eingefordert wurde. Hätte einer der beiden Kämpfer nicht genug

Einsatz gezeigt, hätte er mit dem Tod bestraft werden können. Die Besiegten, die den Gnadenstoß erwarten mußten, oder die verwundeten Gladiatoren, die nicht mehr in der Lage waren, weiter zu kämpfen, durften um Gnade (*missio*) bitten, die vom *editor* oder häufiger auch vom Publikum gewährt werden konnte.

Um die Kosten der Veranstaltung einer *munera* nicht ausufern zu lassen, war es relativ üblich, den Besiegten das Leben zu schenken. Tatsächlich sprach die Tötung aller Besiegten, wie sie in manchen Mosaikdarstellungen vorkommt, für die Großzügigkeit der Veranstalter. Die toten Gladiatoren wurden, nachdem ihr Tod mit einem glühenden Eisen überprüft worden war, durch die *Porta Libitinaria* aus dem Amphitheater heraus zum *spoliarum* getragen. Die Sieger erhielten eine Palme und einen Kranz, manchmal auch Geldpreise; die zum Tode verurteilten Verbrecher, denen die Freiheit versprochen war, d.h. die Aufhebung des Zwangs zum Kämpfen, erhielten eine hölzerne Keule (*rudis*). Die *venationes* sahen Kämpfe mit oder zwischen wilden Tieren vor, mit der Absicht, eine wirkliche Jagd nachzuahmen. Die Verbindung mit den *munera gladiatorum* geht im wesentlichen auf die Kaiserzeit zurück; vorher fanden Tierjagden nur anläßlich von Begräbnisfeierlichkeiten und vor allem von Triumphspielen statt und wurden im Cirkus aufgeführt. Die Vorliebe für Tierkämpfe in der Arena kam in Rom in der Zeit nach den Expansionszügen im Mittelmeerraum auf, als Folge derer die ersten exotischen Tiere, wie Löwen und Panther, Leoparden und Nilpferde in die Stadt kamen.

Überliefert sind Berichte der ersten *venationes* mit Panthern und Leoparden, die von Fulvius Nobilior im Jahre 186 v. Chr. und von Scipio Nasica und Publius Lentulus im Jahr 169 v. Chr. veranstaltet wurden. Mit der Zeit wuchs die Begeisterung für exotische Tiere, und die Herrscher kamen mit immer selteneren Tieren zurück, woraus sich fast ein eigener Wettstreit entwickelte. So wurde das erste Rhinozeros von Pompejus im Jahre 55 v. Chr. nach Rom gebracht, und im Jahre 46 v. Chr. führte Caesar bei den Spielen eine Giraffe vor. Die Gegner rekrutierten sich auch bei den Tierkämpfen aus Verurteilten: es gab *venatores*, trainierte Tierkämpfer, die mit dem Risiko antraten das Leben zu verlieren, sowie *bestiarii*, die die Aufgabe hatten, die Tiere in den unterirdischen Räumen des Amphitheaters zu halten und sie zum Arenagelände zu bringen. Andere fingen die unterschiedlichen Arten von Tieren in den Tiergehegen (*vivarii*) ein, die den Kaisern gehörten. Es gab mehrere Spielvarianten, die häufig an einem Vormittag hintereinander stattfanden. Eine Spielart sah die Verfolgung und den Fang wilder Tiere verschiedener Arten vor, nach einer anderen kämpften zwei verschiedene Tiere gegeneinander (z. B. ein Elefant gegen einen Stier, oder ein Rhinozeros gegen einen Bär), bis eines der beiden getötet war. Eine dritte Variante, vollkommen unblutig - wurde von einem Jäger geleitet, der nur mit einem Netz bewaffnet war. Der Erfolg der Tierkämpfe wurde am Erstaunen und an der Erregung, die sie bei den Zuschauern hervorrufen

konnten, gemessen. Die Landschaften und Hintergründe, die in der Mitte der Arena auftauchten, und die Tiere mit ihren *venatores*, die aus diesen Kulissen, jedes Mal neu und überraschend zusammengestellt, hervorbrachen, sollten starke Emotionen erwecken und sich in das Gedächtnis der Zuschauer einprägen.
Aus Anlaß des zehnjährigen Jubiläums des Septimius Severus wurden großartige Feiern und Spiele veranstaltet, eine *venatio* begann mit dem Bild eines Schiffbruchs:

«...Der ganze Käfig im Amphitheater war in Form eines Schiffes gebaut und konnte auf einmal vierhundert Tiere aufnehmen und entlassen. Und als er sich dann plötzlich auftat, da sprangen empor Bären, Löwinnen, Panther, Löwen, Strauße, Wildesel, Wisente – dies ist eine gewisse Rinderart, fremdartig in Herkunft und Aussehen –, so daß man sehen konnte, wie im ganzen siebenhundert wilde und gezähmte Tiere gleichzeitig hin und her rannten und dann getötet wurden. Um eine Übereinstimmung mit der Dauer des sieben Tage währenden Festes herzustellen, belief sich auch die Zahl jener Tiere auf siebenmal einhundert»
(Cassius Dio, LXXVII 1, 4-5).

Der Brauch, Deserteure den wilden Tieren zum Fraß vorzuwerfen, begann mit Scipio Minor um die Mitte des zweiten Jhd.s v.Chr. Damals wurde das später sehr verbreitete Ritual der *damnatio ad bestias* festgelegt, womit Verurteilte bestraft wurden.

Manchmal wurden auch mythologische Themen in den Aufführungen dargestellt, wie zum Beispiel die Umsetzung der Sage von Orpheus, des Musikers, der die Tiere durch den Klang der Lyra bezauberte, die allerdings einen ganz unerwarteten Ausgang nahm, wie man in den Versen von Martial lesen kann:

«Was, wie es heißt, die Rhodope einst im Kreis des Orpheus schaute, o Caesar, das bot deine Arena dir dar. Felsen bewegten sich da, es eilte ein Wunder von Wald her, schön, wie man etwa den Hain der Hesperiden sich denkt. Wildes Getier aller Art war da vereint mit dem Haustier, über dem Sänger jedoch schwebten die Vögel im Schwarm. Aber er selbst lag da, zerfleischt von häßlichen Bären. Das nur war es, was allein wider die Sage geschehn»
(Martial, *Epigramme*, 25).

In republikanischer Zeit wurden die Ädilen dazu verpflichtet, Spiele auszurichten, um ihre Regelmäßigkeit und Gleichmäßigkeit zu gewährleisten. Später wurde die Ausrichtung der *venationes* vom Kaiserhaus übernommen; die Kaiser nutzten diese Gelegenheiten, ihre Großzügigkeit zu zeigen, indem sie immer pompösere Spiele erdachten, an denen sie manchmal sogar persönlich teilnahmen:

«(Commodus) streckte am ersten Tag ganz allein hundert Bären nieder, wobei er vom Geländer der Balustrade herunterschoß; das ganze Theater war nämlich durch zwei feste Quermauern unterteilt, die eine ringsumlaufende Galerie trugen und sich gegenseitig in zwei Abschnitte schieden; dies hatte den Zweck, daß die Tiere, in vier Gruppen gegliedert, von allen Seiten her *aus geringem Abstand leichter getroffen werden konnten»*
(Cassius Dio, LXXIII, 18).

Das zunehmende Interesse an spektakulären Spielen wie an der Vielfalt von exotischen Tieren führte zu einem Anstieg des entsprechenden Handels, bis es notwendig wurde, eine besondere Behörde für diesen Zweck einzurichten.
Die Gladiatorenspiele, von den christlichen Kaisern verurteilt, wurden unter Honorius ausgesetzt und von Valentinianus im Jahr 438 n. Chr. endgültig abgeschafft. Es fanden noch *venationes* statt; wie schon erwähnt, wurden sie im Jahr 523 n. Chr. zum letzten Mal veranstaltet.

Verfall und Wiederverwendung des Kolosseums

Der Verlust der ursprünglichen Funktionen des Amphitheaters ließ es im Lauf der Jahrhunderte mehr und mehr verfallen. Zunächst wurden die Räume der Zugangsringe im Erdgeschoß zu Wohnraum umgewandelt. Im 12. Jhd. bis in die Mitte des 13. Jhd.s war der Komplex in die Festungsanlage der Familie der Frangipane eingegliedert. Gleichzeitig hatte man mit der systematischen Plünderung der Travertinsteine, der Marmorverkleidungen und allem anderen tauglichen Material begonnen. Sogar die Eisenklammern, die die einzelnen Steinblöcke miteinander verbanden, wurden herausgeschlagen, nachdem man Löcher um sie herum gebohrt hatte, die man noch heute sehen kann. Die Arbeiten, die einige Teile des Baus in einen Steinbruch verwandelten, gingen so weit, daß der äußere Ring der Südseite niedergerissen wurde. Vergebens plädierten die römischen Humanisten der ersten Hälfte des 15. Jahrhunderts für Maßnahmen zum Erhalt des Gebäudes, stattdessen wurden die Abbauarbeiten noch verstärkt, da man das Material für die im Bau befindlichen Großbauprojekte brauchte, allen voran für den Petersdom. Später wurde die Arena geweiht, zu Anfang des 16. Jhd.s gab es dort eine Kapelle und seit dem Jahr 1720 sind dort die Stationen eines Kreuzweges zu finden. Zwischen dem 17. und dem 18. Jhd. nahm der Abbruch der Mauern langsam ab und

22. Venationes im Amphitheater. Stich von L. Iacopo (17. Jh.). Rom, Istituto Nazionale per la Grafica

23. Flavisches Amphitheater, Reste der Befestigung der Frangipane (V. Scamozzi, 1552-1616)

Ein Besuch im Kolosseum

"*Rom, Den 2. Februar 1787. ...Einen vorzüglichen schönen Anblick gewährt das Coliseo. Es wird nachts zugeschlossen, ein Eremit wohnt darin in einem Kirchelchen, und Bettler nisten in den verfallenen Gewölben. Sie hatten auf flachem Boden ein Feuer angelegt, und eine stille Luft trieb den Rauch erst auf die Arena hin, daß der untere Teil der Ruinen bedeckt war und die ungeheuren Mauern oben drüber finster herausragten; wir standen am Gitter und sahem dem

erste zögerliche Schutzmaßnahmen wurden in die Wege geleitet. Im 19. Jhd. wurden von Carlo Fea (zwischen 1812 und 1815) und Pietro Rosa (in den Jahren 1874-1875) erstmals systematische Grabungen durchgeführt. Diese Arbeiten führten zur Freilegung der unterirdischen Anlage der Arena, der Kreuzweg und die Kapelle, die sich im Ostteil der *cavea* befanden, wurden entfernt.

Zur gleichen Zeit begannen die ersten bedeutenden Sicherungs- und Restaurierungsmaßnahmen. Zwischen 1805 und 1807 wurde von Raffaele Stern die Stützmauer aus Ziegeln an der Ostseite errichtet, nach ihm restaurierte Giuseppe Valadier im Jahr 1827 die Fassade auf der gegenüberliegenden Seite. Die Arbeiten von G. Salvi und L. Canina in den Jahren zwischen 1831 und 1852 betrafen die innere Struktur auf der Süd- und Nordseite. Andere Restaurierungen, die vor allem die *cavea* und die Untergeschosse betrafen, fanden in den dreißiger Jahren statt.

Phänomen zu, der Mond stand noch hoch und heiter. Nach und nach zog sich der Rauch durch die Wände, Lücken und Öffnungen, ihn beleuchtete der Mond wie ein Nebel. Der Anblick war köstlich. So muß man das Pantheon, das Kapitol beleuchtet sehen, den Vorhof der Peterskirche und andere große Straßen und Plätze."
(J.W.Goethe, *Italienische Reise*, 1786-1788)

24. H. Robert (1733-1808), Ausgrabungen im Inneren des Kolosseums. Madrid, Museo del Prado

25. Flavisches Amphitheater. Außenansicht mit Stützmauer von R. Stern (1774-1820)

26. Flavisches Amphitheater, Außenansicht mit Stützmauer von G. Valadier (1762-1839)

27. Canaletto
(1697-1768).
Das Kolosseum und der
Konstantinsbogen.
Malibu, Paul Getty
Museum

28. Grundriß des Ludus
Magnus

☐ Mögliche Ergänzung

▨ Ergänzung des Plans von
Severus

■ Abgesicherte Topographie

Der *Ludus Magnus*

Zwischen der Via Labicana und der Via di S. Giovanni in Laterano sieht man die Reste des *Ludus Magnus*, der größten Gladiatorenschule im antiken Rom. Die Ausgrabungen, die 1937 begannen und zwischen 1957 und 1961 fortgesetzt wurden, haben nur den nördlichen Teil des Gebäude ans Licht gebracht, an dem sich aber bereits die konzentrische Form seiner *cavea* ablesen läßt. Ein Fragment der *Forma Urbis* (der marmorne Stadtplan Roms aus severischer Zeit), auf dem die genaue Bezeichnung des Gebäudes noch zu lesen ist, ermöglichte es, den gesamten Komplex zuzuordnen.

Die Anlage bestand aus einer ellipsenförmigen Arena, deren Längsachse 62 m und deren Querachse 45 m betrug, mit den Sitzreihen einer kleinen *cavea* eingefaßt, die ursprünglich mit Marmor ausgekleidet war.

Die Haupteingänge der Arena lagen an der Längsachse, während die Tribünen für die Würdenträger an der Querachse angeordnet waren. Um die *cavea* herum befand sich ein zweigeschossiger Säulengang mit Travertinsäulen tuskischer Ordnung, der mit Eckbrunnen geschmückt war, einer von ihnen wurde an der Nordwestseite des Geländes rekonstruiert. An diesem Portikus befanden sich die Unterkünfte der Gladiatoren. Auf der Nordseite des Grabungsfeldes, an der Via Labicana, lassen sich noch eine Reihe von kleinen Zellen erkennen, von denen Treppen zum oberen Stockwerk führen. In der Gladiatorenschule waren die Kämpfer kaserniert und einem täglichen harten Training unterworfen. Ein unterirdischer Gang verband die Arena mit dem Osteingang des Kolosseums. Der ursprüngliche Bau geht auf die Zeit Domitians zurück, und für ihn wurde wahrscheinlich ein spätrepublikanisch-augusteischer Stadtteil abgerissen, dessen Überreste die Ausgrabung ans Licht gebracht hat: man sieht den Teil eines Mosaikfußbodens an der Südseite des Geländes, in Richtung Caelius. Die Spuren der *cavea* und der Arena gehören hingegen zu einer späteren Restaurierung trajanischer Zeit.

Neben dem *Ludus Magnus* müßten sich noch weitere Gebäude ähnlicher Nutzung in der Nähe befunden haben: der *Ludus Matutinus* für das Training der *venatores*, der *Ludus Dacicus* und der *Ludus Gallicus*, deren Namen die Herkunft der Gladiatoren angibt, die dort unterbracht waren. Desweiteren gab es in der Nähe noch Gebäude, die Funktionen innehatten, die dem Ablauf der Spiele dienten: das *spoliarium*, wohin die Leichen nach dem Kampf in der Arena getragen wurden, das *saniarium*, wohin die verwundeten Gladiatoren gebracht wurden, und das *armamentarium*, das Waffenlager. Wahrscheinlich wohnte in den *Castra Misenatium* das Personal der Flotte, das zum Bedienen des *velarium* abgeordnet war; die Bühnengerüste wurden innerhalb des *Summum Choragium* aufbewahrt.

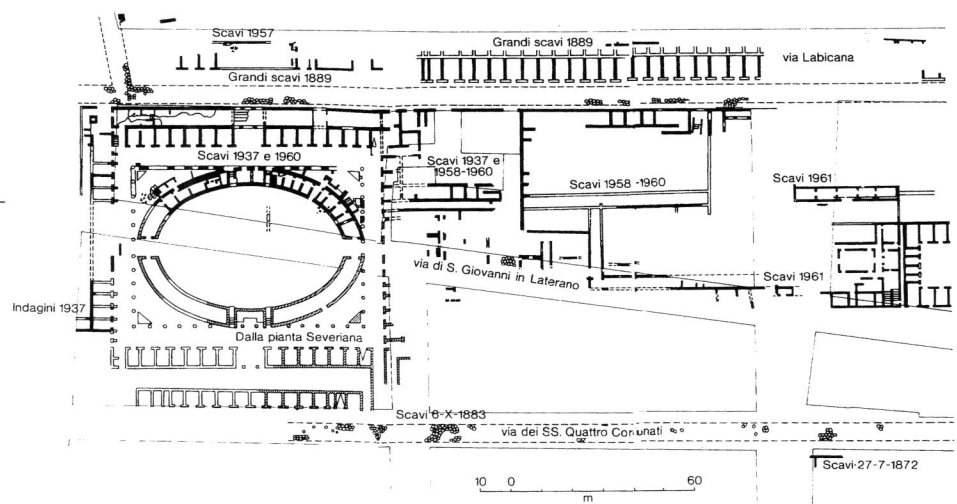

DIE META SUDANS

Zwischen dem Konstantinsbogen, den östlichen Abhängen des Palatins und den Resten der hadrianischen Basis der Kolossalstatue kam unlängst der Portikus ans Licht, den Nero neben dem künstlichen See der *Domus Aurea* errichten ließ. Die Säulengänge verbanden die Vorhalle des Palastes auf der Spitze der Velia, wo heute der Tempel der Venus und der Roma liegt, mit dem darunter liegenden Tal. Die Fundamente sind noch zwischen dem flavischen Amphitheater und der Basis des monumentalen Brunnens flavischer Zeit zu sehen, der in der Antike als *Meta Sudans* bezeichnet wurde. Die kegelförmige Meta erhielt ihren Namen, weil sie einerseits der Form einer Meta des Cirkus ähnelte und hieß andererseits *sudans* ("schwitzend"), weil Wasser aus ihr herausfloß. Der Brunnen lag an der Stelle, an der vier oder fünf augusteische Regionen der Stadt (die II., die III., die IV., die IX. und vielleicht auch die I.) und entsprechend viele Verbindungsstraßen zusammentrafen. Er wurde von einem Kegel (Höhe 17 m und Durchmesser 7 m), der in einem weiten, runden Becken (Durchmesser 16 m) stand, gebildet. Seine ursprüngliche Erscheinung läßt sich von zeitgenössischen Münzen her rekonstruieren. Seine Überreste wurden zusammen mit der Basis der Kolossalstatue abgebrochen, um die moderne Via dei Trionfi und die Via dell'Impero im Jahr 1933 anzulegen.

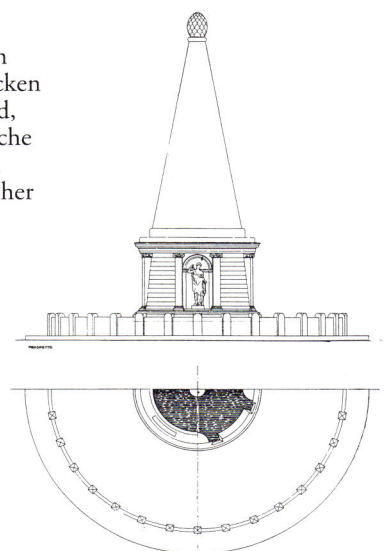

29. Terrakottaplatte augusteischer Zeit vom Tempel des Apolls auf dem Palatin mit zwei Mädchen, die ein Betylus schmücken, das Symbol des Apoll. Die Meta Sudans, die mit dem Betylus die konische Form und die Nischengliederung gemeinsam hat, erfüllte wahrscheinlich auch die gleiche Symbolfunktion, Erinnerungszeichen an den Ort, wo Augustus geboren wurde

30. Graphische Rekonstruktion der Meta Sudans (nach I. Gismondi)

31. Portikus des Sees des Neros (Stagnum Neronis) mit dem Sockel der Meta

32. Die Meta Sudans in einer alten Aufnahme vor dem Abriß durch Mussolini, die aus verkehrstechnischen Gründen durchgeführt wurde, wie der Gouverneur Boncompagni Ludovisi in einem Brief im September 1933 berichtet: "...der Erhalt der beiden Überreste der Basis der Kolossalstatue des Nero und der Meta Sudans... stellt zweifellos ein großes Problem dar...sie zwingen die Fahrzeuge...eine enge Kurve zum Ausweichen zu fahren"

DER KONSTANTINSBOGEN

Der Konstantinsbogen liegt an der römischen Straße der Triumphzüge, zwischen dem Circus Maximus und dem Titusbogen. Er ist der größte noch erhaltene Triumphbogen und faßt die gesamte ideologische Propaganda der konstantinischen Zeit zusammen.

Der Bogen feiert den Triumph des Kaisers Konstantin gegen Maxentius am 28. Oktober des Jahres 312 n. Chr., dem Tag des Sieges an der Ponte Milvio. In der Inschrift, die in der Attikazone eingemeißelt ist, kann man lesen, daß der Senat das Denkmal dem Kaiser zu Anfang seines zehnten Regierungsjahres am 25. Juli des Jahres 315 n. Chr. zur Feier seines Triumphes sowie seines zehnjährigen Kaisertums (*decennalia*) gewidmet hatte.

Der Text lautet: "Dem Imperator Cäsar Flavius Kostantinus Maximus Pius Felix Augustus weihen der Senat und das römische Volk diesen Triumphbogen, zum Dank dafür, daß er durch göttliche Eingebung und Weisheit mit seinem Heer und rechten Waffen den Staat von dem Tyrannen und allen seinen Anhängern befreit hat".

Unter den Kommentaren der Historiker zu dieser Inschrift haben einige in dem Ausdruck "göttliche Eingebung" (*instinctu divinitatis*) eine Anspielung auf die Bekehrung Konstantins zum Christentum lesen wollen. In der Tat ist diese Frage sehr umstritten, wie der gesamte Bereich des Einflusses der Religion auf die Politik Konstantins.

Das Denkmal, bis um die Mitte des 12. Jhd.s n. Chr. in die Festung der Frangipane eingegliedert, wurde schon seit dem 15. und im 16. Jh. restauriert und untersucht, doch am einschneidendsten war eine Restaurierung 1733, da hierbei mehrere fehlende Teile ergänzt wurden.

Die Dekoration mit marmornen Reliefplatten, besonders an den Wandfeldern der drei Bögen, wurde in konstantinischer Zeit im Rahmen eines einheitlichen Projekts geplant und durchgeführt, wobei man sorglos Teile von anderen kaiserlichen Denkmälern entfernte und dort anbrachte. Die Komposition kann in unterschiedliche zeitliche und stilistische Bestandteile aufgegliedert werden, wenn auch die Auswahl der Szenen für eine einheitliche Thematik spricht. An den Haupt- und Schmalseiten des Bogens wechseln sich in symmetrischer Reihenfolge Reliefs der Zeit Trajans, Hadrians und Marc Aurels ab, der untere Teil zeigt Darstellungen der Zeit Konstantins.

Die Verbindung verschiedener Ereignisse aus der Geschichte des römischen Reiches ist ein interessantes Zeugnis kaiserlicher Propaganda und gibt gleichzeitig einen Ausblick auf mehr als zwei Jahrhunderte römischer Geschichte. Die vier Tafeln aus der Zeit Trajans, die ursprünglich zu einem zusammenhängenden Fries gehörten, sollten das Trajansforum schmücken als Verkleidung des Attikageschoßes der Basilica Ulpia. Die Tondi aus der Zeit Hadrians waren, nach einer

33. Der Konstantinsbogen, Südseite

34. Kopf des Konstantins. Rom, Musei Capitolini

35. A. L. Ducros
(XVIII Jahr.).
Blick auf den Palatin mit dem Konstantinsbogen

neuesten Hypothese, über dem Eingangsbogen eines Heiligtums angebracht, das der Verehrung des Antinoos, dem jungen Geliebten Hadrians, der in verschiedenen Jagd- und Opferszenen dargestellt wird, gewidmet war. Zu den Reliefs von Marc Aurel gehören noch drei weitere Tafeln, die ihnen in Größe und Thematik entsprechen, heute sind sie im Palazzo dei Conservatori aufgestellt. Diese Reliefs befanden sich ursprünglich am *Arcus Panis Aurei,* einem Triumphbogen am Fuß des Kapitols, auf welchem der Sieg des Kaisers gegen die Germanen gefeiert wurde. Alle Gesichter von Kaisern, die auf den Reliefs erscheinen, wurden neu modelliert um Konstantin zu ähneln und mit einem Nimbus, dem Symbol der kaiserlichen Macht, verziert. Das Gesicht von Licinius, dem Kaiser des Ostreiches, ist auf den Tondi mit Opferszenen porträtiert worden. Die Relieftafeln aus der Zeit Marc Aurels zeigen den Kopf Trajans, er wurde im Rahmen der Restaurierung des 18. Jhd.s eingefügt.

Die politische Nutzung der Bilder der Vergangenheit
Die Bilder, die an den Wandfeldern des Triumphbogens gezeigt werden, dienen eigentlich, in einem komplexen System, nur einem eindeutigen Ziel: der Verherrlichung des politischen Strebens Konstantins nach Wiedererrichtung des römischen Reiches. Mit diesem Bildprogramm wollte er als neuer Herrscher über die Geschicke Roms und als Triumphator über den Rivalen Maxentius anerkannt und gefeiert werden. Um dies zu erreichen, wählte er den Triumphbogen, eine traditionelle und in der Geschichte des Kaisertums verankerte Bauform. Seine Machtposition sollte hier manifestiert werden, indem von seinen eigenen Siegen erzählt wurde, doch mittels älterer Bilder, die von Bauwerken mit historischer Bedeutung abgenommen worden waren. Vor ihm hatte bereits Diokletian dasselbe getan, indem er den sogenannten *Arcus Novus* an der Via Lata mit von anderen Monumenten geraubten Dekorationen schmückte. Die Bilder der Vergangenheit, die Kriege und die Triumphe der großen Feldherren des römischen Reiches waren die Symbole einer Macht, an die Konstantin erinnern wollte, um seine eigene Position zu legitimieren und um die Stabilität seiner Regierung und seines politischen Konsenses zu zeigen. Mit den historischen Darstellungen der vergangenen siegreichen Feldzüge des Trajan und des Marc Aurel wurde die Gegenwart, der Sieg gegen Maxentius, gefeiert, in einem historischen Rahmen voller Ruhm und Macht. Die so hergestellte Beziehung zwischen Gegenwart und Vergangenheit, die Erinnerung an die *optimi principes* des römischen Reiches, stellte eine zeitliche Kontinuität zwischen Konstantin und den anderen großen Führern des goldenen Zeitalters her. So muß man die Aufteilung der Bilder an den beiden Hauptseiten verstehen, die eine ähnliche Thematik verfolgen: an der Südseite sind Kriegsszenen dargestellt, an der Nordseite Friedens- und Alltagsszenen, um den Triumphzug ideell von außerhalb der Stadt (Süden) nach innen (Norden) zu begleiten.

Mit diesen absoluten und fast abstrakten Darstellungen des Krieges und des Friedens, die Rede an die Truppen (7), die Gnade gegenüber den Besiegten (18), die Verehrung der Götter (8, 2, 4, 12,14) oder die Großzügigkeit gegenüber dem Volk (17, VI), wurden die Tugenden des Kaisers symbolisiert und zugleich seine ethischen Grundsätze gefeiert. Die Idee, die Gesichter der Kaiser umzuformen und sie in eigene Porträts zu verwandeln – eine übliche Gepflogenheit der kaiserlichen Propaganda – war Teil desselben Programms und übertrug die Qualitäten und den Ruhm der Vorfahren Konstantins auch sichtbar auf ihn.

DER KONSTANTINSBOGEN

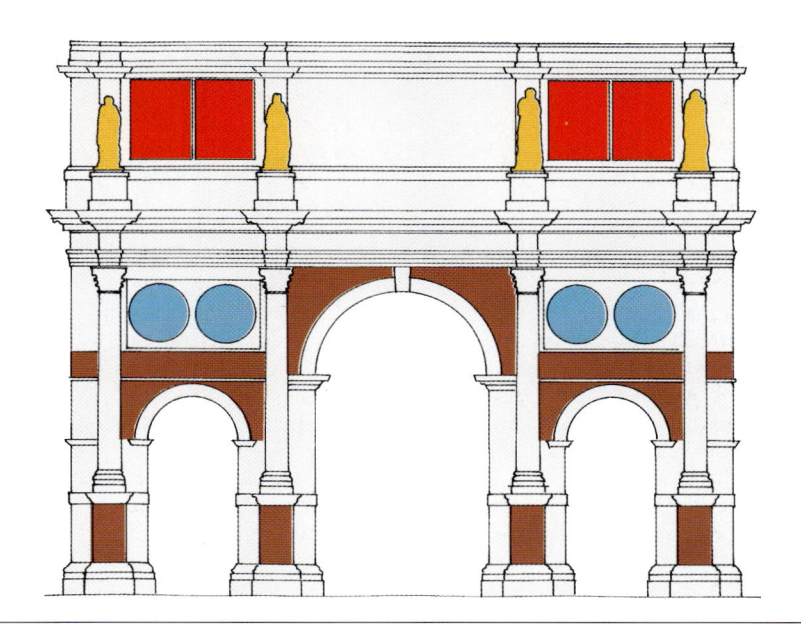

Zeit des Trajan

Zeit des Hadrian

Zeit des Marc Aurel

Zeit des Konstantin

Die Marmorreliefs

Auf den Sockeln beider Fassaden befinden sich Siegesgöttinnen mit Trophäen und gefangene Barbaren, während sich in den Zwickeln der Bögen Siegesgöttinnen mit Trophäen, Personifikationen von Jahreszeiten und Flußgötter befinden.
Der niedrige fortlaufende **Fries**, der sich oberhalb der Seitenbögen rings um das Monument zieht, berichtet über den Feldzug des Konstantin gegen Maxentius, worauf am Ende der Beschreibung eingegangen wird. Beginnen wir mit der **Südseite**: in den zwei Wandfeldern oberhalb der äußeren Bögen befinden sich direkt über dem Fries des Konstantin je zwei Tondi aus der Zeit des Hadrian. Sie stellen den Kaiser und seine Begleitung bei Jagd- und Opferszenen dar: von links nach rechts werden der Aufbruch zur Jagd (1), ein Opfer für Silvanus (2), eine Bärenjagd (3) und ein Opfer für Diana (4) dargestellt.
Die Ausstattung des Attikageschosses besteht, neben den Inschriften, aus zwei Paaren von Relieftafeln aus der Zeit Marc Aurels, die von vier Statuen von Dakern aus der Zeit Trajans eingerahmt werden (Hände und Köpfe im 18.Jhd. ergänzt). Die Reliefs schildern Ereignisse aus dem Krieg gegen die germanischen Stämme, die im Jahr 175 n. Chr. endgültig geschlagen wurden. Von links nach rechts sieht man: ein Barbarenführer wird den Römern vorgeführt (5), während Gefangene dem Kaiser vorgeführt werden (6); die Ansprache des Kaisers an die Truppen (*adlocutio*) (7) und eine Opferszene in einem Lager (8).

DER KONSTANTINSBOGEN 39

·FL·CONSTANTINO·MAXIMO
AVGVSTO · S · P · Q · R ·
INCTV DIVINITATIS MENTIS
DINE CVM EXERCITV SVO
RANNO QVAM DE OMNI EIVS
NE VNO TEMPORE IVSTIS
LICAM VLTVS EST ARMIS
IVMPHIS INSIGNEM DICAVIT

SIC ·XX·

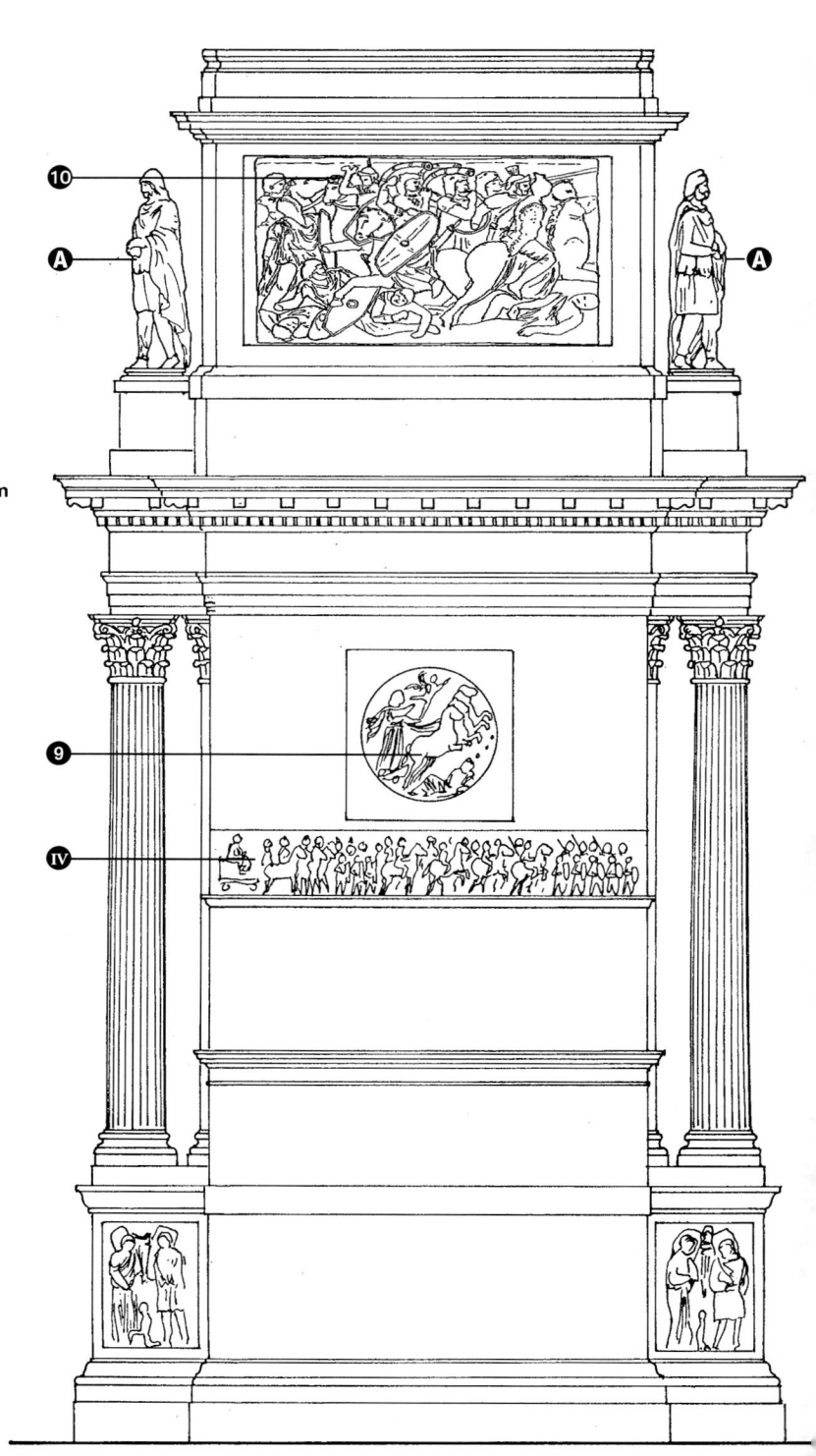

Auf der Schmalseite im Osten ist oberhalb des Frieses ein konstantinischer Tondo eingefügt, mit der Darstellung des Sonnengottes Apoll/Sol auf einer aus dem Meer aufsteigenden Quadriga (9). In der Attikazone befindet sich ein trajanisches Relief mit dem Kaiser in einer Kriegsszene (10).

36. Konstantinsbogen, Südseite. Hadrianischer Tondo mit Darstellung des Aufbruchs zur Jagd

S

Auf der **Nordseite** des Triumphbogens, die in der Aufteilung der Südseite entspricht, befinden sich vier Tondi aus der Zeit Hadrians mit der Darstellung von: einer Eberjagd (11), einem Opfer für Apoll (12), einer Löwenjagd (13), einem Opfer für Herkules (14). In der Attikazone befinden sich auch hier zwei Paare von Relieftafeln aus der Zeit Marc Aurels von vier Statuen von Dakern gerahmt. Sie zeigen: die Ankunft des Kaisers in Rom (*adventus*) (15), die Abreise des Kaisers (*profectio*) (16), die Verteilung des Geldes an das Volk (*liberalitas*) (17), Gnade gegenüber einem Barbarenfürsten (*clementia*) (18).

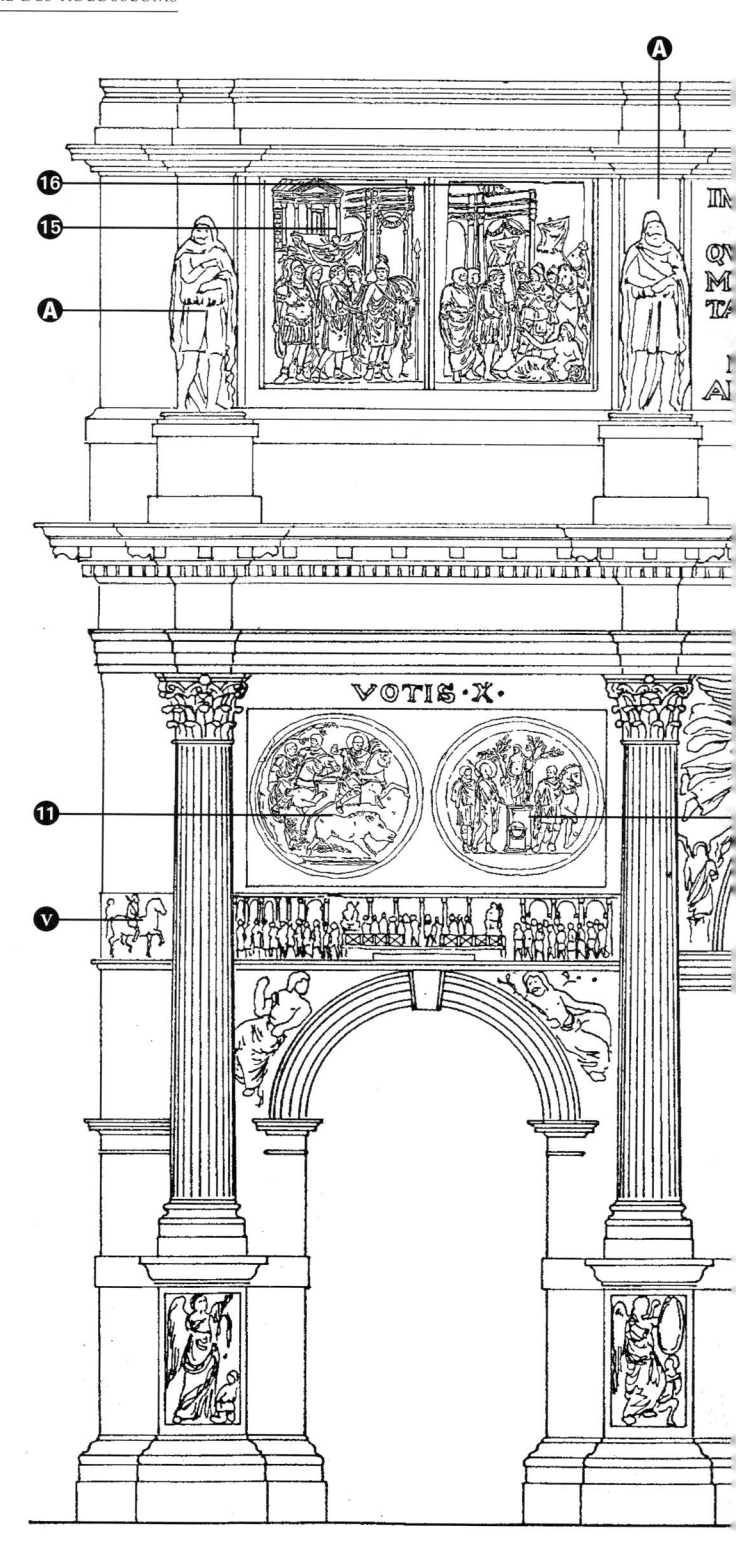

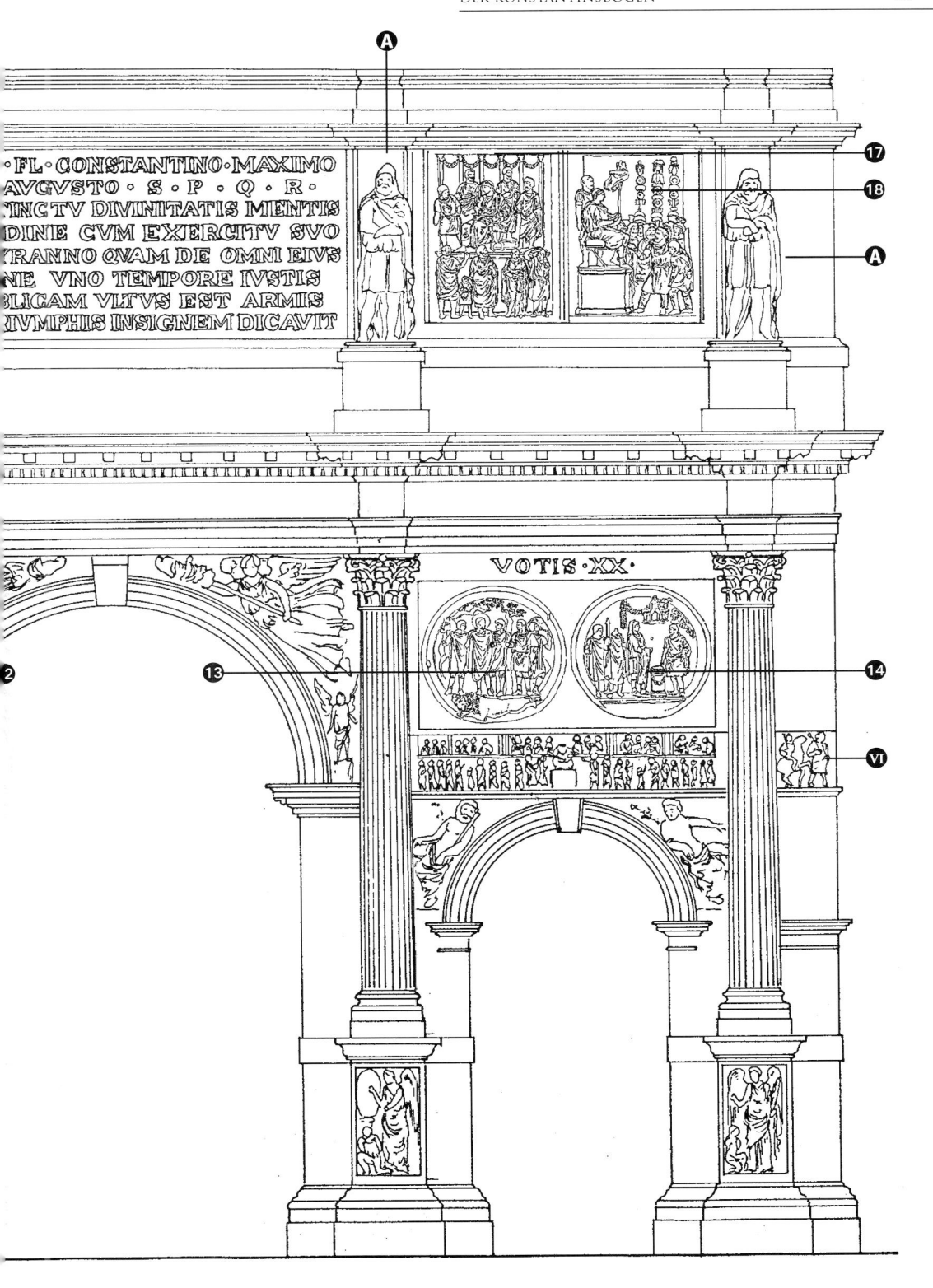

DER KONSTANTINSBOGEN

·FL·CONSTANTINO·MAXIMO
AVGVSTO · S · P · Q · R ·
NCTV DIVINITATIS MENTIS
DINE CVM EXERCITV SVO
RANNO QVAM DE OMNI EIVS
NE VNO TEMPORE IVSTIS
LICAM VLTVS EST ARMIS
RIVMPHIS INSIGNEM DICAVIT

VOTIS·XX·

Auf der Schmalseite im Westen ist ein zweiter Tondo aus der Zeit Konstantins, entsprechend der Gliederung der Schmalseite om Osten, angebracht. Man sieht die Mondgöttin Luna auf einer Biga (19). In der Attikazone befindet sich ein Relief der Zeit Trajans mit einer Kriegsszene (20). Auf dieser Seite beginnt der konstantinische Fries, bei dem folgende Ereignisse geschildert werden: der Aufbruch des Heeres von Mailand (I), die Belagerung von Verona (auf der Südseite links) (II), die Schlacht am Ponte Milvius (III). Auf der Schmalseite im Osten ist der triumphale Einzug in Rom zu sehen (IV); auf der Nordseite links die Ansprache Konstantins von den *Rostra* des Forum Romanum aus (V) und die Verteilung der Geldgeschenke an das Volk (*liberalitas*) (VI).

37. Konstantinsbogen, Nordseite. Hadrianischer Tondo mit Jagdszene

SI

Im Inneren des Hauptbogens zeigen Reliefs aus der Zeit Trajans im Osten den feierlichen Einzug Trajans in Rom (21) mit der Inschrift "*Fundatori quietis*" (dem Gründer des Friedens) dar, auf der Westseite sieht man eine Kampfszene (22) mit der Inschrift "*Liberatori Urbis*" (dem Befreier Roms).

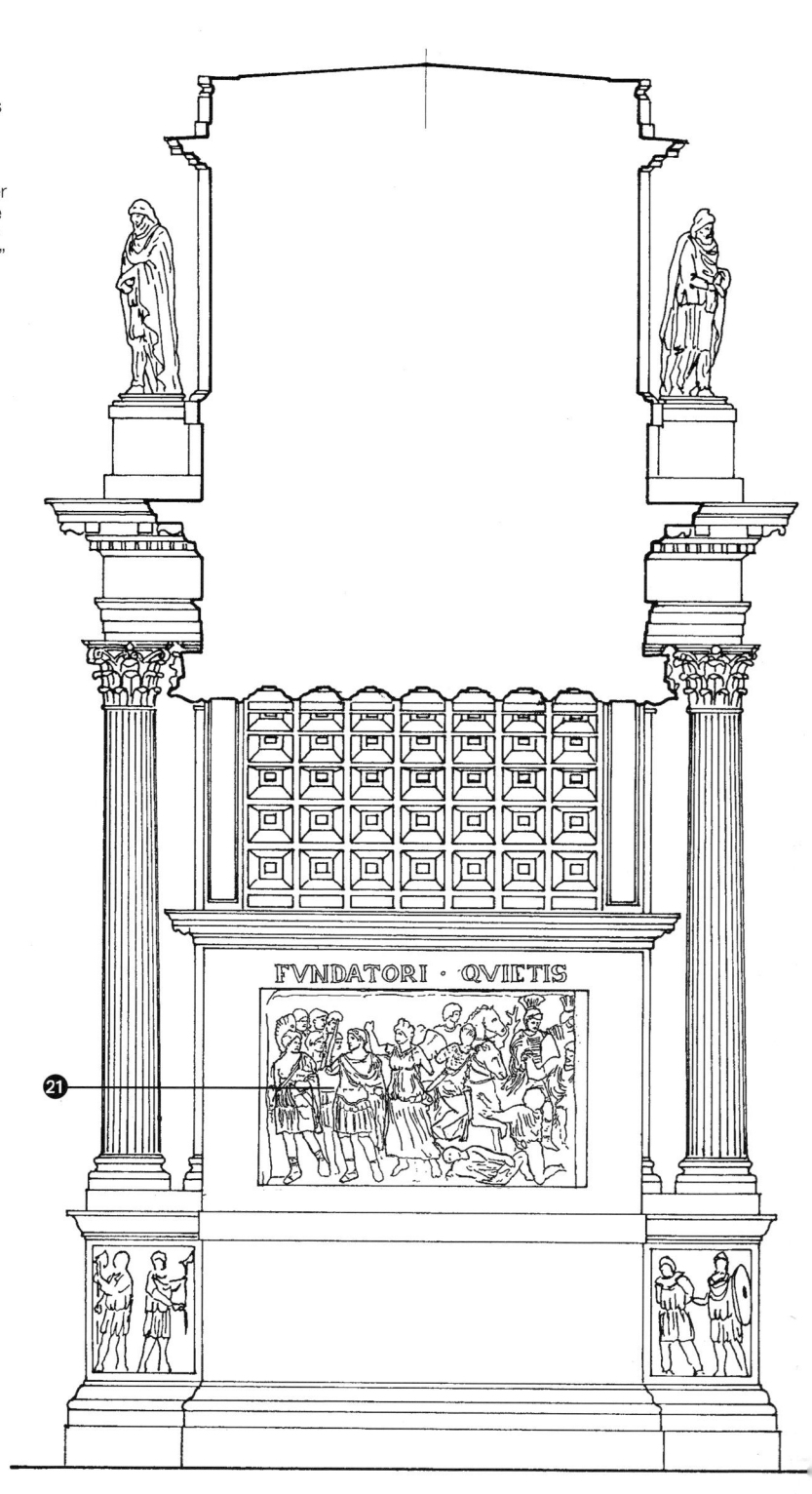

DER KONSTANTINSBOGEN 47

LIBERATORI VRBIS

22

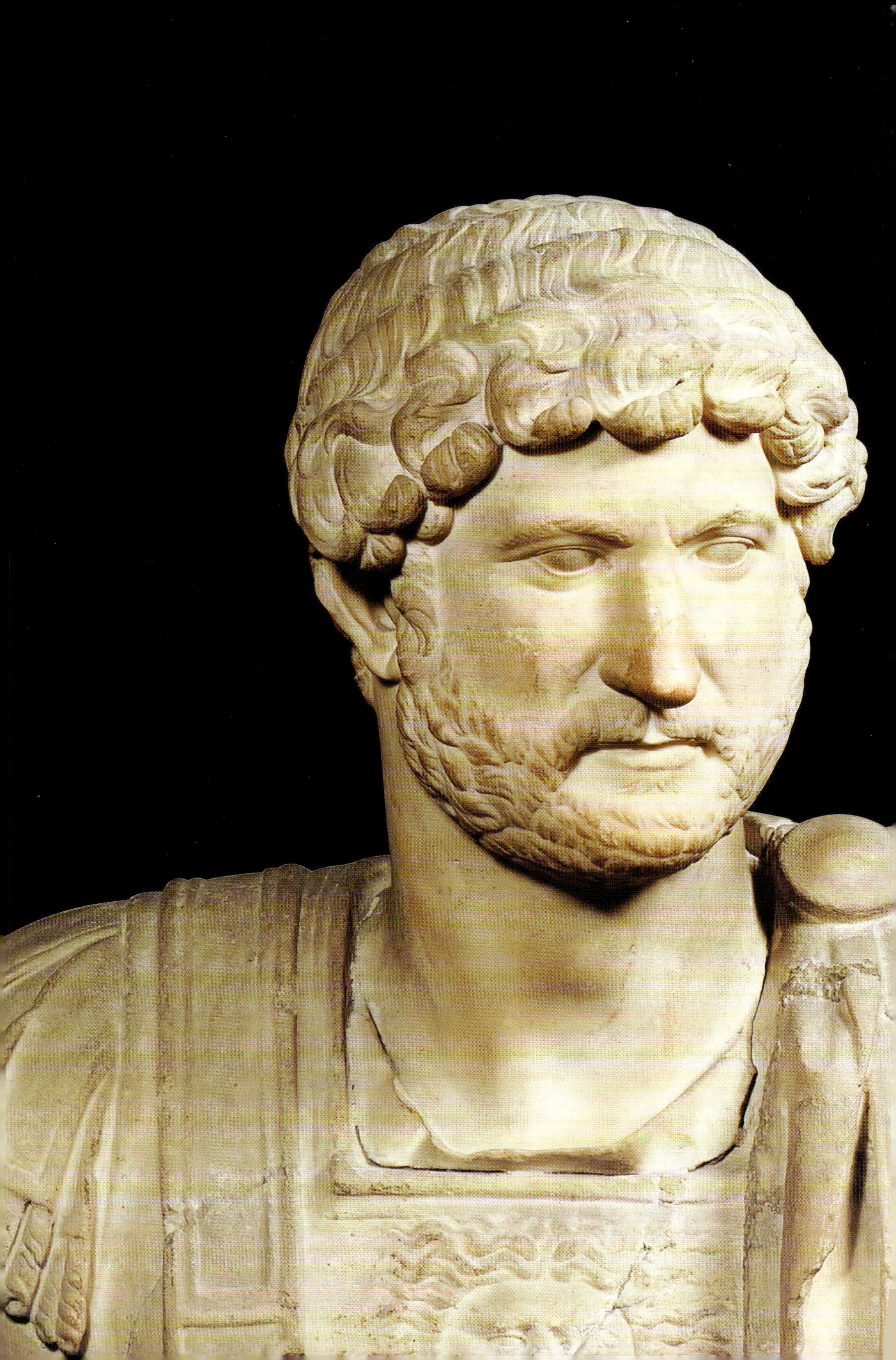

DER TEMPEL DER VENUS UND DER ROMA

Am Hang der Velia, der auf das Tal des Kolosseums blickt, befinden sich die Reste des eindrucksvollsten Tempels der Stadt Roms, Ergebnis eines großen architektonischen Projektes Hadrians: der Tempel der Venus und der Roma. Der Bau des Tempels wurde im Jahr 121 n. Chr. begonnen, durch den Tod des Kaisers im Jahre 138 n. Chr. unterbrochen und von seinem Nachfolger Antoninus Pius wiederaufgenommen und zu Ende geführt. Die Arbeiten bedeuteten den Abriß der Vorhalle der *Domus Aurea* des Nero und die Entfernung der Kolossalstatue des Nero, die dort aufgestellt war:

«... (Hadrian) ließ auch den Koloß durch den Architekten Dekrian in senkrechtem Schwebezustand von der Stätte, wo heutzutage der Tempel der römischen Stadgöttin steht, mit gewaltigem Kraftaufwand versetzen, stellte er doch für den Transport sogar vierundzwanzig Elefanten zur Verfügung. Da er diese Statue, die ursprünglich Neros Züge, für den sie zuvor bestimmt gewesen war, aufwies, dem Sonnengott geweiht hatte, trug er sich auf den Rat des Architekten Apollodoros hin mit dem Plan eines Pendants, das die Mondgöttin darstellen sollte» (Historia Augusta, *Hadrian*, XIX, 12-13).

Das Bauwerk des Hadrian behielt aber die Struktur und die Ausrichtung der pompösen Vorgängerbauten aus der Zeit des Nero bei, teilweise wurden die Fundamente wiederverwendet. Die Grundfläche des Tempels, die auf Substruktionen aufliegt, war an den Längsseiten von einem doppelten Säulengang mit Säulen aus grauen Granit umgeben, vor dem sich zwei Propyläen öffneten. Die offenen Schmalseiten erlaubten den Blick auf die Fassaden des Tempels, die von einem Peristyl aus einer doppelten Reihe von 10 x 22 korinthischen Säulen eingefaßt waren. Im Inneren des Tempels standen sich zwei Cellae gegenüber, die die Statuen der zwei Gottheiten beherbergten: Roma in der nach dem Forum gerichteten Cella und Venus in der nach dem Kolosseum gerichteten. Innerhalb dieses Bauprojektes die römischen Regeln für den Bau eines Tempels vollständig zu mißachten und statt dessen den griechischen Kanon genau einzuhalten, belegt, wie sehr

38. Büste des Hadrian aus der Sammlung Ludovisi. Rom, Museo Nazionale Romano

39. Der Tempel von Venus und Roma und das flavische Amphitheater

auf den folgenden Seiten:

40. Lageplan des Tals des Kolosseums

41. Der Tempel der Venus und Roma: Kopie nach einer Zeichnung von A. Palladio. Berlin, Staatliche Museen

Hadrian und der Kult der Venus und Roma

Die Einweihung des großartigen Tempels auf dem Velia, am Tag der Geburt Roms (dem 21. April, Feiertag der *Palilia*, die von diesem Zeitpunkt an den Namen *Romaia* trug) und dem 874.

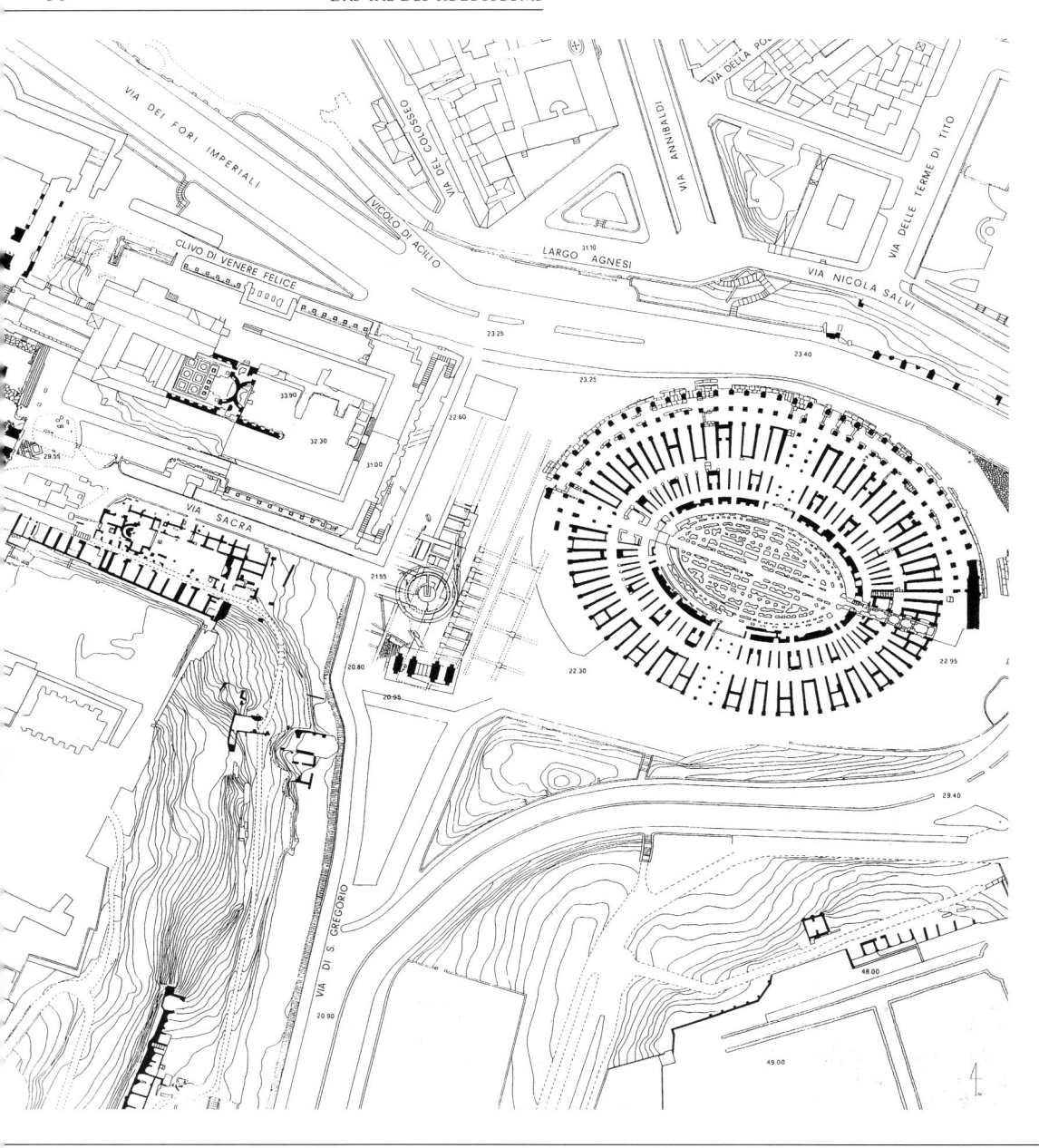

Jahrestag der Stadtgründung, stellt die Krönung des politischen und religiösen Programms Hadrians dar, das sich dem Kult von *Aeternitas* (die Ewigkeit) Roms und des Kaisers widmet. Das Ereignis wurde, unter anderem, durch eine neue Reihe von Münzen gefeiert, auf denen die allegorische Gestalt von Aion, die Verkörperung der absoluten und ewigen Zeit, in der Hand eine Kugel mit einem Phönix darauf, dem unsterblichen Vogel, dargestellt ist, Symbol der Apotheose und der Unsterblichkeit. Die Versetzung der Kolossalstatue der Sonne in das dem Tempel gegenüberliegende Tal unter der Verwendung von Elefanten (auch diese Symbol der Ewigkeit), verstärkten noch die beschwörende und symbolische Kraft der Einweihungsfeierlichkeiten. Schon Augustus hat die Idee der *Aeternitas Urbis* mit der Romulusgestalt und mit dem Ursprungsmythos verbunden: die Verse der Dichter des Kaisers erinnern daran, daß die Mauern von Romulus für eine ewige Stadt (*aeterna Urbs*) errichtet wurden und feierten ihn als sich Hadrian auf die griechische Kultur bezog, um sein Bild eines Herrschers zu konstruieren.

Doch gerade die Liebe zur griechischen Kunst verursachte einen harten beruflichen Streit mit dem berühmten Architekten Trajans, Apollodor aus Damaskus, der bei der Planung das Fehlen eines entsprechend hohen Sockels bemängelte, der ein traditionelles Element der römischen Baukunst war. Die Kritik gefiel Hadrian nicht und er ließ Apollodoro umbringen.

«(Hadrian) schickte also Apollodoros den Plan zum Tempel der Venus und Roma, um ihm vor Augen zu führen, daß auch ohne seine Mithilfe ein großer Bau zustande kommen könne, und fragte an, ob die Anlage stimme. Der Architekt nun stellte in seinem Antwortschreiben fest, daß erstens, was den Tempel angehe, dieser auf hohem Terrain hätte errichtet und die Erde darunter ausgehoben werden müssen, damit er an der heiligen Straße infolge seiner höheren Lage deutlicher zu sehen sei und in seinem Unterbau auch die Maschinen aufnehmen könne; man sei dadurch in der Lage, dieselben unbemerkt zusammenzusetzen und ohne daß jemand zuvor davon wisse, ins Theater hereinzubringen. Was sodann die Figuren betraf, meinte Apollodoros, daß sie im Verhältnis zur Höhe der Cella zu groß geraten seien. "Wenn nämlich die Göttinnen", sagte er, "aufstehen und herausgehen wollen, werden sie dazu nicht imstande sein." Auf diese barsche schriftliche Antwort hin ärgerte sich Hadrian und war äußerst ungehalten, daß er einen solchen nicht wieder gut zu machenden Fehler begangen hatte; und er versuchte seinen Zorn und Schmerz nicht zu bezähmen, sondern ließ den Mann töten» (Cassio Dio, LXIX, 4).

Nach einem Brand ließ Maxentius das Gebäude wieder aufbauen, im Rahmen dieser "Restaurierung" wurde der ursprüngliche Grundriß wesentlich verändert. Zunächst wurden die Apsiden im unteren Teil der Cella eingerichtet und die Tonnengewölbe anstelle der hölzernen Decke aufgebaut, danach wurde die gesamte Innenausstattung und der wertvolle Fußboden aus Marmor hinzugefügt.

Der am besten erhaltene Teil des Tempels ist die westliche Cella, ehemals in die Kirche von S. Francesca Romana eingegliedert, wo sich heute das Antiquarium des Forum Romanum befindet, und die in den dreißiger Jahren restauriert worden ist. Von der Cella lassen sich noch die Apsis des Maxentius mit dem prächtigen Fußboden aus Marmor, die offenen, mit Säulen aus Porphyr eingerahmten Wandnischen und ein Teil des massiven Gewölbes erkennen. Von der Cella der Venus blieb nur ein Teil der Apsis erhalten. Von den Kolonnaden des Tempels ist keine Spur mehr vorhanden, doch vom Portikus, der die Substruktionen umschloß, sind noch einige, in den dreißiger Jahren wiederhergestellte, Säulen zu sehen.

ewigen Schutzherrn der Stadt. Als natürlicher Erbe des Augustus und Nachfolger Romulus' belebte Hadrian den Kult der Venus wieder, die göttliche Mutter des Äneas und der Iulii, begründete den Kult von *Roma Aeterna*, führte ein neues goldene Zeitalter ein und stellte den Frieden in den Provinzen des römischen Reiches her. Unter seiner Regierung wurde das Bild der die Zwillinge stillenden Wölfin eine häufige Dekoration von öffentlichen und privaten Denkmälern. Die erste derartige Ausschmückung ist im Giebelfeld des Tempels der Venus und Romas zu sehen, wie auf Münzen aus der Zeit des Maxentius überliefert ist. In Verbindung mit dem Palladio aus Troja (das im Tempel der Vesta auf dem Forum aufbewahrte Standbild der bewaffneten Athena galt immer schon als Talisman für die Größe Roms), erscheint die Wölfin auf dem Panzer der Kaiserstatue, um die Macht Roms und seines Volkes zu bezeugen.

BIBLIOGRAPHISCHE HINWEISE

Kolosseum
F. Colagrossi, *L'Anfiteatro Flavio nei suoi venti secoli di storia*, Florenz 1913.
G. Ville, *La Gladiature en Occident des origines à la mort de Domitien*, Rom 1981.
S. Priuli, *Epigrafi dell'Anfiteatro Flavio*, in *Roma. Archeologia nel Centro*, 1. *L'area archeologica centrale*, (LSA 6, 1), Rom 1985, pp. 138 ss.
R. Rea, *L'Anfiteatro Flavio. Competizioni atletiche e spettacoli anfiteatrali: il punto di vista dell'intellettuale*, in *Lo sport nel Mondo Antico. Ludi, munera, certamina a Roma*, Rom 1987, pp. 79-85.
Spectacula. 1. Gladiateurs et amphithèatre, Actes du Colloque Toulouse-Lattes, 1987 (1990).
Anfiteatro Flavio. Immagine, testimonianze, spettacoli, Rom 1988.
R. Rea, F. Garello, L. Ottaviani, F. Severini, *Gli ipogei dell'Anfiteatro nell'analisi delle strutture murarie*, "Antiquity", 50, 1991.
R. Rea, *Anfiteatro Flavio*, Rom 1996.

Ludus Magnus
A.M. Colini, L. Cozza, *Ludus Magnus*, Rom 1962.

Meta Sudans
A.M. Colini, *Meta Sudans*, "Rendiconti della Pontificia Accademia", 13, 1937, pp. 15-39
C. Panella (Hrsg.), *Meta Sudans, I. Un'area sacra in Palatio e la valle del Colosseo prima e dopo Nerone*, Rom 1996.

Konstantinsbogen
A. Giuliano, *Arco di Costantino*, Mailand 1955.
S. De Maria, *Gli archi onorari di Roma e dell'Italia romana*, Rom 1987.

Tempel der Venus und der Roma
A. Barattolo, *Nuove ricerche sull'architettura del Tempio di Venere e Roma in età adrianea*, "Mitteilungen des Deutschen Archäologischen Instituts (Römische Abteilung)", 80, 1973, pp. 243-269.

ABBILDUNGSVERZEICHNIS

Abb. 2 und die Zeichnungen des Konstantinsbogens stammen von Ludovico Bisi.

Abb. 11, 15, 40: Archivio Grafico SAR.

Abb. 28: F. Coarelli, *Guida Archeologica di Roma,* pp. 196-197, Mailand 1994[4].

Abb. 30: A.M. Colini, *Meta Sudans,* "Rendiconti della Pontificia Accademia", 13, p. 35, Fig.17, 1937.

Abb. 1: Marco Ravenna.

Abb. 4: Giovanni Rinaldi, Il Dagherrotipo.

Abb. 5, 7, 8, 12, 18, 19, 20, 21, 34, 41: Archivio Scala.

Abb. 3, 26, 39: Archivio Mozzati.

Abb. 6: *Roma Antiqua. "Envois" degli architetti francesi (1788-1924),* p. 255, Rom 1985.

Abb. 9, 13, 16, 17, 23, 25, 31: R. Rea.

Abb. 10, 32, 33, 36, 37: Archivio Vasari.

Abb. 14: S. Settis (Hrsg.), *Memoria dell'antico nell'arte italiana, III, Dalla tradizione all'archeologia, Fig. 86,* Turin 1986.

Abb. 22: Archivio De Agostini.

Abb. 24, 27, 35: Artephot.

Abb. 29: Archivio Fotografico SAR.

Electa Führer
für die Soprintendenza Archeologica
di Roma

Herausgegeben von Rosanna Capelli

Das Tal des Kolosseums

Text von Letizia Abbondanza
Redaktionelle Betreuung Übersetzung:
Brunella Germini

Herstellung:
Pavese Toscano, Studio Associato

© 1997 Ministero per i Beni Culturali e Ambientali
Soprintendenza Archeologica di Roma
Verlag: Electa, Mailand
Elemond Editori Associati

Gedruckt bei Elemond S.p.A.
in der Buchdruckerei in Martellago (Venedig)